아바의 팔베개

아바의 팔베개

지은이 | 구인유
초판 발행 | 2012. 1. 10
개정증보판 1쇄 | 2021. 6. 16
등록번호 | 제1988-000080호
등록된 곳 | 서울특별시 용산구 서빙고로65길 38
발행처 | 사단법인 두란노서원
영업부 | 2078-3352   FAX | 080-749-3705
출판부 | 2078-3331

책값은 뒤표지에 있습니다.
ISBN 978-89-531-4026-4   03230

독자의 의견을 기다립니다.
tpress@duranno.com   www.duranno.com

아바의 팔베개

우울의 터널 지나
·
하나님 품안으로

구인유
지음

두란노

이 책을 읽은 분들의 추천 글

강미선 님   이 책은 내게 이미 임하신 하나님 나라를 느끼게 해주고, 늘 내 곁에 계시는 임마누엘 하나님의 얼굴을 보여 주고 그 음성을 들려주었습니다. 이 땅에서 어떻게 주님과 함께 걸어가야 할지도 보여 주었습니다.

곽경리 님   오랫동안 신앙생활했지만, 예수님과의 교제에는 서툴렀던 저에게 일상에서 친밀하게 예수님과 대화를 시작할 수 있도록 눈을 열어 준 고마운 책입니다.

김사라 님   삶의 현장에서 벌어지는 여러 문제로 마음이 지쳐 또다시 우울감에 빠져들 때, 하나님에게서도 멀어지고 신앙에 회의가 들 때 이 책을 통해 하나님을 만나 우울증이 해결되었다고 했던 게 기억나 다시 이 책을 집어 들었습니다. 코로나 19로 인해 무너져 가던 내 마음은 하나님에 대한 믿음을 회복하고 다시 일어설 수 있었습니다.

박성아 님   지금껏 의지했던 것들을 떠나 하나님을 철저히 찾아 나섰을 때, 그 길을 체험적으로 보여 준 친한 벗 같은 지침서입니다. 우리를 너무도 사랑하시기에 허락하신 연단의 시간 후에 본디 돌아가야 했던 '아바의 팔베개'에 푹 안겨 안식하는 은혜가 독자들에게 있기를 기도합니다.

방에스더 님   무엇보다 하나님과 말씀으로 대화하는 저자의 영성에 대
               한 궁금증과 부러움 때문에 책을 단숨에 읽어 내려갔습니
               다. 더 나아가 저도 그렇게 살아가길 갈망하는 계기가 되
               었던 것 같습니다. 이 책은 신자와 불신자 모두에게 살아
               계신 하나님에 대한 감동과 신선한 충격을 안겨 주기에 부
               족함이 없을 뿐만 아니라 전도용으로도 손색없는 책이라
               고 생각합니다.

성주명 님   이 책은 한국 사회에 만연한 우울 및 자살을 예방하는 귀
               한 책입니다. 이 분야의 책들이 국내외에 더러 있으나, 이
               책은 큰 차별성을 보입니다. 상담 관련 대학이나 전문기관
               에서 성경적 치유 모델의 교재로 이 책을 선택해 널리 읽
               히기를 권하고 싶을 만큼 귀중하고 탁월합니다.

윤흥경 님   이 책은 어떻게 하나님을 만나 인격적으로 사귈 수 있는지
               잘 모르는 많은 그리스도인에게 세심하게 그 길을 안내하
               는 나침반과 같습니다. 코로나 19로 어느 때보다 곤고하고
               공허한 이때, 오직 믿음으로 어려움을 극복해 가려는 그리
               스도인들이 반드시 가져야 할 영적 무기이며 자산이라고
               생각합니다.

이남경 님   이 책에는 열두 해 동안 직접 겪은 우울증에서 시작해 하
            나님과의 인격적 만남과 치유, 그리고 임마누엘 주님과의
            일상적이고 친밀한 교제에 이르기까지 저자의 아름다운
            여정이 고스란히 담겨 있습니다. 일반 상담 서적들보다 쉽
            고 생생하여 글마다 내용마다 주님의 음성이 가까이 들리
            는 듯합니다.

장성경 님   난생처음 들어보고 상상해 보는 하늘 아버지의 팔베개. '그
            팔베개를 하고 잔다?' 그리고 '하나님께 친밀히 다가가 얘
            기를 나눈다?' 이러한 의문을 하나님과 동행하는 저자의
            구체적인 체험을 통해 한 번에 해결해 주었습니다.

정운희 님   바로 지금 이곳에서 주님과 함께 사는 내 삶을 천국으로
            이끌어 주는 책! 하나님을 다정한 나의 아빠로 만날 수 있
            는 책! 마음 아픈 사람들에겐 생명수 같은 책!

정혜은 님   아프고 지치고 복음이 무엇인지 몰랐던 나에게 다가온《아바의 팔베개》. 예수님과의 사귐이 실제가 되도록 내 마음을 열어 주고, 주님과 동행한 에녹이 어떻게 살아갔을까 상상하게 해 주었습니다.

정희자 님   이 책은 다른 책들과 차별성이 있어 보입니다! 이론에만 머물지 않고 저자가 실제화시켜 열매를 맛본 여러 영역을 구체적이면서도 자상하게 안내해 줍니다. 족집게 과외 선생님 같은 저자의 열심과 사랑이 한 장 한 장 눈에 선하게 들어옵니다!

목차

이 책을 읽은 분들의 추천 글 4
여는 말 14

◇◇◇
1. 하나님 없이 행복했던 나날

책장 속 먼지 덮인 성경 26
무너져 내린 바벨탑 29

◇◇◇
2. 어느 날 만난 우울이라는 강도

청하지 않은 방문객 34
도둑맞은 영혼 38
심리치료의 유익과 한계를 경험하며 43
가야 할 곳, 머나먼 우회로 47
달라진 어머니, 처음 읽은 성경 56

◇◇◇
3. 벼랑 끝에서 열린 치유의 길

사는 것이 죽는 것보다 더 어려워 66
그분이 나를 찾으신 건가, 내가 그분을 만난 건가? 69
사자(獅子) 수레바퀴 74
위험한 참사랑 83
등불을 꺼라! 태양이 떠올랐다! 88

◇◇◇
4. 사실을 이긴 진리

사울왕과 버림받은 자 100

거짓을 이긴 말씀, 사실을 이긴 말씀 102

사실이라는 거짓 109

말씀 따라 시작한 대화 118

◇◇◇
5. 우울증의 성경적 치유

우울증은 부끄러운 게 아니다 124

뿌리부터 시작하는 성경적 치유 133

자의식에서 주의식으로 136

강청기도에서 대화식 말씀기도로 141

인지행동치료에서 성경적 상황반응으로 145

◇◇◇◇
6. 한걸음 한걸음 하나님 곁으로

샘물 앞에서 타 들어가는 목 152
- 끊임 없는 순종 훈련

낫는 아픔, 껴안고 가야 할 아픔 156
- 아플 때 붙잡는 은혜

절망의 옷을 걸친 성령 충만 163
- 어두운 생각에서 벗어나기 어렵다면

구워 낸 떡과 물 한 병 173
- 일상에서 주어진 질서 안의 선물

성령의 능력과 성령의 열매 179
-고통, 보석을 담은 나무 상자

단기 치유와 장기 회복 185
- 하나님의 쓴잔 단잔, 치유의 명약

옛사람, 새 사람 191
- 나는 지금 어디에 서 있는가?

◆◆◆
7. 아바의 팔베개
친구처럼 하나님과 함께 걷다 198

평범한 일상에서 하나님 손 붙잡고 208

아바 하나님, 팔베개 해 주세요 218

하나님 얼굴을 바라보다 226

하나님과 눈 맞추다 233

여물통과 지성소 237

지금 여기, 더할 수 없이 소중한 선물 247

한 끼의 믿음 251

천국의 이쪽 255

닫는 말 258

일러두기

1   하나님 음성은 오직 믿음으로 받은 것입니다. 기도, 묵상 또는 평범한 일상 가운데 성령님이 주신 감동을 믿음으로 받아 적었습니다.

2   '당신'이라는 호칭은 삼인칭 하나님 또는 주님을 뜻합니다.

3   필요에 따라 문장이 끝나기 전에 줄 바꾸기를 했습니다.

4   지나간 일의 생생한 느낌을 위해 가끔 현재형 시제를 섞어 쓰기도 했습니다.

5   원문이 영어인 경우 명확한 뜻을 위해 때로 한글과 함께 영어를 적었습니다.

6   영어로 인용된 성경 출처는 NKJV(New King James Version), NIV(New International Version), NLT(New Living Translation), GNTD(Good News Translation-US Version), NASB(New American Standard Bible) 또는 The Message입니다.

1957년 봄, 진주(晉州)

"아이구 시상에. 이 모가지 때 좀 보거레이.
까마구같이 이리 숭악해 갖고 우찌 그리 싸댕길 데가 많터노!
가마이 좀 있거라! 머가 그리 부끄럽노? 바지도 벗자!"

어제 온종일 내린 봄비로 개울물은 불고
이웃집 엄마들은 해가 난 빨래터로 모였습니다.
부산스럽게 오가며 겨우내 쌓인 옷가지들을 빨고 있었지요.

이런 가운데 물속 첨벙대며 옷을 벗지 않으려는 저를
할머닌 우악스럽게 잡아 발가벗깁니다.
이웃집 택모와 함께 방금 따먹은 아카시아꽃이 목에 콱 걸립니다.

"이 패놀끼(때려줄 것이) 와 이리 말 안 듣제?
가마이 안 있을끼가? 꼬치도 오뉴얼 도토리만 한 기
억시끼나 숭을 타제(부끄러워하지)!"

물이 찬 것도 싫지만 동네 아줌마들 앞에서
발가벗기는 게 뭣보다 싫습니다.
'서너 살 아이라고 체면도 없다고 여기시나?'
뼛속 깊이 느껴지는 부끄러움에 어쩔 줄 몰라 하는 나를 무시한 채,
할머닌 제 몸 구석구석 억센 손으로 씻깁니다.
아주머니들은 깔깔 웃고 떠들며 아예 남 일입니다.

할머닌 은근히 으스대며 손주 알몸 보란 듯이 씻겼을 테지요.
이웃집 엄마들은 '참한 손주 뒀재'라고 서로 눈짓합니다.
그러나 저는 무척 싫습니다.

옷 멀쩡히 입고도 남들 앞에 서는 건 오싹한 일인데, 이건 아예 알몸으로
이웃집 엄마들 눈길 모이는 게 그렇게 난처할 수 없습니다.

그러나 지금은 잔잔한 추억입니다.
부끄러운 게 아니라 할머니 거친 손, 아줌마들 깔깔 웃음,
빨개진 두 볼이 무명 폭에 색색이 그려진 한 장 그림입니다.

1987년 4월, 콜로라도 볼더(Boulder, Colorado)

그로부터 서른 해쯤 지난 후 그 아이가 자라 삶의 벌판으로 내쫓겼습니다.
고산 지대 콜로라도에서 12년 동안 반복되는 우울증을 앓았습니다.
뚜렷한 이유 없이 찾아온 깊은 절망감, 불안, 수치심 앞에
저는 속수무책이었습니다.
육신의 알몸이 아닌 영혼의 알몸으로 서성거릴 때,
제가 걸칠 무화과 잎사귀는 한 조각도 없었습니다.
거기엔 할머니 억센 손길도, 이웃 엄마들 부러운 웃음도 없었습니다.
다시 주워 입고 봄볕 아래 쏘다닐 허름한 옷도 없었고요.
어두운 세력은 사나운 짐승처럼 제 영육을 사정없이 찢어 헤쳤습니다.

그즈음부터 앓기 시작한 우울증은 제 안에 도사린 부끄러운 모습을
죄다 끄집어내었습니다.
절망감, 부끄러움, 열등감, 추악한 생각과 느낌들,
이것들을 밝은 햇빛 아래로 드러내어
저와 주위 사람들에게 보란 듯이 펼쳤습니다.
검은 세력은 사정없이 제 몸과 마음을 내리쳤습니다.

혼자서 그들과 씨름하는 건 이길 수 없는 싸움이었습니다.
하지만 엎치락뒤치락 여섯 해 동안
그들이 던지는 끔찍한 말과 매일 씨름하던 고통의 한복판에서
저는 처음으로 저를 지으신 분을 만날 수 있었습니다.
1993년 10월 17일 밤, 저는 비로소 그분을 바라볼 수 있었습니다.
죽음의 늪에서 저를 건져 내어 당신 품에 안으시는 분을.

> "배에서 남으로부터 내게 안겼고
> 태에서 남으로부터 내게 품기운 너희여
> 너희가 노년에 이르기까지 내가 그리하겠고
> 백발이 되기까지 내가 너희를 품을 것이라
> 내가 지었은즉 안을 것이요 품을 것이요 구하여 내리라
> 너희가 나를 누구에 비기며 누구와 짝하며
> 누구와 비교하여 서로 같다 하겠느냐" 사 46:3-5, 개역한글

하나님 말씀은 어두운 세력들이 던지는 거짓말을 깨끗이 지워 버렸습니다.
나면서부터 저를 돌보고 이끌어 오신 당신 사랑을
비로소 보고 듣고 만지게 되었습니다.

그때까지 피하고 멀리하던 분을
나의 하나님으로 받아들였습니다.

2021년 봄, 인천 영종도

영종도 도요마을 집 창밖으로 보이는 흙길,
새끼줄처럼 풀어진 저 산책길 따라 걸음걸음 발을 떼며
저는 하루하루 그저 평범하게 살아갑니다.
그러나 평범한 일상에서 평범하지 않은 하나님을 찾을 때,
조급하고 쉬이 무너지는 제가 당신 품으로 달려갈 때,
오직 믿음으로 당신 얼굴 바라볼 때
모든 건 조금씩 달라지기 시작했습니다.

주위를 보는 눈이 달라지고, 눈을 통해 보이는 것들이 달라지고,
마음과 생각이 달라지고, 말과 몸짓이 달라지기 시작했습니다.
아주 천천히, 한심할 정도로 느리게, 그러나 분명하게.

이 책은 하나님을 만나고 나서

당신을 사모하고 사랑하지 않을 수 없었던
걸음걸음을 되짚어 본 글입니다.
오직 믿음으로 하나님께 팔을 뻗을 때
성령 하나님께서 내 손 꼬옥 붙잡고
순간순간 당신 계신 곳으로 데려가 주셨습니다.

당신이 곁에 계신다는 믿음과 느낌이 때로는 흔적 없이 사라지고
다른 이들이 전하는 확신에 찬 증언이 가슴을 울리지 못하더라도
오직 믿음으로 하나님 손 붙잡을 때
당신은 한 걸음 한 걸음 저를 천상의 계단으로 이끄셨습니다.

"내가 이같이 우매 무지하니 주의 앞에 짐승이오나 내가 항상 주와
함께하니 주께서 내 오른손을 붙드셨나이다" 시 73:22-23, 개역한글

1987년부터 열두 해 동안 지속된 고통스러웠던 시간들,
캄캄한 우울증이 삶의 소망을 해일(海溢)처럼 삼켜버릴 때
이전 모습을 기억해 낼 수조차 없도록 형편없이 찌그러진 제게 오셔서
가만히 곁에 앉아 사랑과 진리의 미음 죽 끓이시던 하나님,

하루하루 제 목구멍이 넘길 수 있을 만큼만 떠먹여 주시던 하나님.

1987년부터 1998년까지 열두 해 동안 우울증을 앓으며
저는 병원, 약물, 심리상담, 기독교상담 등 다양한 치료를 받았습니다.
1993년에 극적으로 주님을 만난 후에도 여섯 해 더 이어진 우울증,
주님은 대화식 말씀 기도로 그 살얼음판을
한걸음 한걸음 나아가게 하셨습니다.

1998년 끔찍했던 우울증이 걷히고 난 후
신앙이 어느 정도 자리잡은 2004년부터 지금까지
교회와 학교 그리고 폐쇄병동에서 17년 넘게
성경적 집단상담*을 이끌었습니다.
심리상담, 기독교상담, 성경적 상담의 치유와 그 효과를
자세히 연구하고 분석하였습니다.
여러 임상 현장과 학업을 거치며 다양한 정신질환에 성경적 치유가
근본 해답임을 해마다 더 분명히 깨닫게 되었습니다.

---

* 우울 및 정서불안 치유 내용은 온누리교회 성경적 집단상담 '기쁨의 샘' 교재인 《사자(獅子) 수레바퀴》에서 자세히 다룹니다. 이 책에서는 근본적 치유에 대해 환자와 가족이 정확히 이해할 수 있도록 몇 가지 핵심을 요약했습니다.

우울,중독, 정서적 어려움으로 인해 성경적 집단상담에 참여한 사람들은 대부분 여러 치료 채널을 이미 거쳐 온 분들이었습니다.

그들은 심리상담, 기독교상담, 항우울제, 통원치료, 격리치료 등을 받아 왔지만 거듭되는 고통에 대한 근본적 치유를 받지 못했다고 호소하였습니다.

가중되는 절망과 고통을 안고 살아가는 이들에게
원초적 상처로 인한 정서불안 치유는 거미줄 같은 미로로 보일 것입니다.
이분들에게 저는 육체, 마음, 영혼을 함께 돌보는 성경적 치유를
안내해 오고 있습니다.

코로나 19로 인해 회중 예배와 활동, 사람들과의 왕래가 뜸한 요즘,
영적 뼈대와 근육이 허약하여 우울로 빠지는 성도님들을
여럿 보았습니다.
관계 단절 시기에 그리스도인에게 가장 필요한 것은
평범한 일상에서 오감(五感)을 통해 하나님과 함께 살아가는 가운데
주님 사랑과 기쁨과 평안을 맘껏 누리고 나누는 것이라 생각합니다.

저의 괴롭고 기나긴 우울증은
하나님과 친구처럼 사귈 수 있게 도와 준 축복의 수레바퀴였습니다.

'아바의 팔베개'는 하나님 사랑을
평범한 삶에서 실감 있게 체험하는 첫걸음입니다.
하나님 팔베개는 육신을 입은 제가 오직 믿음으로
당신 사랑을 살결로 부딪는 첫 모험이었습니다.
처음엔 주춤거리다가 나중엔 스스럼없이
제 머리를 당신 왼팔에 편히 고일 수 있었습니다.
당신의 오른손으로 저를 품으시는 하나님에게 안겨
저는 세상살이 모든 짐을 내려놓고 다디단 잠을 잘 수 있었습니다.

하나님을 만나지 못해 방황하는 이웃,
하나님 은혜를 받은 후에도 영혼의 아픔을 겪는 이,
인격적 하나님과 더 깊은 사랑을 나누고 싶어하는 이들에게
이 글을 드립니다.

정서적 고통에 시달리며 해결의 실마리를 찾지 못한 이들에게 이 책이
병든 우리 마음을 뿌리부터 치유하시고 세상이 줄 수 없는 기쁨을
평범한 일상에서 넉넉히 부어주시는 주님을
친구처럼 만나도록 돕는 첫 문이 되길 바랍니다.

저를 오늘 여기까지 이끌어 오신 하나님,
저를 하나님께로 이끌어 주신 어머니와 큰형,
사랑하는 아내, 현우와 현일이 가족,
기도로 저희를 격려해 오신 효주 할머니,
주 안에서 참사랑을 나누어 준 형제자매님들,
하루하루 함께 웃고 떠들고 알뜰히 살아가며
말없이 저를 가르쳐 준 여러 이웃들,
변함없는 관심과 지원으로 개정증보판을 결정한
두란노 담당자님들에게 고마운 마음 드립니다.

2021년 6월
구인유

1. 하나님 없이 행복했던 나날

이스라엘이 어린아이일 때에,
내가 그를 사랑하여 내 아들을 이집트에서 불러냈다.
그러나 내가 부르면 부를수록,
이스라엘은 나에게서 멀리 떠나갔다.

짐승을 잡아서 바알 우상들에게 희생 제물로 바치며,
온갖 신상들에게 향을 피워서 바쳤지만,
나는 에브라임에게 걸음마를 가르쳐 주었고,
내 품에 안아서 길렀다.

죽을 고비에서 그들을 살려 주었으나,
그들은 그것을 깨닫지 못하였다.

나는 인정의 끈과 사랑의 띠로
그들을 묶어서 업고 다녔으며,
그들의 목에서 멍에를 벗기고
가슴을 헤쳐 젖을 물렸다.

호 11:1-4, 표준새번역

1979년 11월 한국을 떠나 아내가 살던 콜로라도의 볼더로 향했습니다. 한국에서 영어영문학을 공부한 뒤 군대 마치고 종합무역상사에서 2년 정도 일한 후였습니다. 가족을 먹여 살려야겠다는 생각으로 전공을 컴퓨터 공학으로 바꾸었습니다. 1983년 가을 학기를 끝으로 콜로라도 주립대학 석사과정을 마쳤습니다.

어려울 수도 있는 미국 생활이었지만 예상과 달리 즐거웠습니다. 제 모습 이대로 꾸밈없이 살아가는 게 기뻤습니다. 로키산이 파도처럼 일어서기 시작하는 아름다운 볼더 콜로라도, 이곳은 두 번째 고향 같았습니다.

하나님을 알지 못했고 알려 하지도 않았습니다. 이렇게 아름다운 곳에 와서 살 수 있는 게 큰 복이라 여겼습니다. 주위에 널린 산, 호수, 대학 캠퍼스가 삶의 반경이었습니다. 사랑의 띠로 저를 묶어 업고 다니시며 저를 보호하여 이곳까지 이끌어 오신 하나님을 알지 못했습니다.

경치 좋아 보이는 엔디콧 뉴욕(Endicott, NY) IBM으로 첫 직장을 잡았습니다. 그런데 엔디콧은 흐린 날이 의외로 많았습니다. 몇 해 후 하늘이 새파란 볼더로 돌아왔습니다. 볼더의 겨울, 큰 눈이 쏟아지면 새로운 세상이 펼쳐집니다. 붉은 바위 병풍(Flat Iron)에 드리운 하얀 눈은 파란 하늘 업고 파도처럼 서 있는 능선들과 동네 뒤 연두색

산에도 가득 쌓입니다.

해가 지면 새 눈을 밟고 눈이 그친 파란 하늘과 그 위로 떠오른
달을 바라봅니다. 밤에도 하늘이 여전히 쪽빛인 것은 뿌연 빛이 사
방을 두르고 있기 때문입니다. 이럴 땐 가끔 가까운 친구들과 바위
병풍 아래 국립기상연구소(NCAR)에서부터 산행을 시작합니다. 산
중턱 옆으로 뻗은 길 따라 샤타콰(Chautauqua) 공원을 지난 후 앞산 꼭
대기에 있는 깃대 극장(Flag Staff Amphitheater) 길로 들어섭니다.

콜로라도 둥근 달은 폭설이 내린 후가 더 아름답습니다. 바위 병
풍을 덮은 하얀 눈은 신부가 입은 웨딩드레스 같습니다. 저녁 달은
쪽빛 하늘 저고리에 달아 놓은 하얀 브로치처럼 빛납니다. 밤인지
낮인지 분간하기 어렵습니다. 반은 밤이고 반은 낮인 듯한 훤한 밤
하늘을 한국에서는 볼 수 없었습니다.
그러나 이 아름다움이 어디서 어떻게 시작되었는지 아무도 말하
지 않았습니다. 산과 하늘과 달, 구름과 눈을 처음 생각하고 디자인
하고 만든 이가 누군지 묻지 않았습니다. 아름다움에 감탄하면서도
이 모든 것이 누구로부터 주어졌는지 알지 못했습니다. 그러니 제
대로 고맙다고 말할 수 없었습니다. 고마워하고 기뻐할 수 있는 마
음의 크기가 훨씬 더 작고 구겨져 있는 걸 알지 못했습니다.

* * *

　검은 소가죽을 씌운 성경이 책장 한쪽에 오랫동안 먼지 쓰고 꽂혀 있습니다. 1979년 5월 16일 정동교회에서 치른 결혼식 때 정영관 목사님이 선물로 주신 겁니다. 제가 원해서 교회에서 결혼식을 올렸지만 저와 아내는 하나님을 믿지 않았습니다. 누구 손도 닿지 않은 채 성경은 홀로 책장에 꽂혀 있었습니다.

　자전하는 지구처럼 제 삶은 저를 중심으로 돌아가고 있었습니다. 모든 일들이 제가 기울인 관심과 노력으로 돌아간다고 생각했습니다. 하나님을 축으로, 곧 사랑과 진리라는 태양을 중심으로 공전하는 삶이 있음을 알지 못했습니다.

　적절히 공부하고 괜찮은 곳에서 일하고 경치 좋은 곳에서 사는 게 행복이라 여겼습니다. 삶은 따스한 봄볕처럼 포근했습니다. 미국 같은 먼 나라로 옮겨와 이렇게 기쁘게 살게 되었으면서도 그곳이 제가 모르는 어느 분의 품안이라는 걸 깨닫지 못했습니다. 낯선 땅에서 제 손을 친히 잡고 걸음마 가르치며 당신 품에 저를 안고 고이 기르시는 그분 마음을 몰랐습니다.

　콜로라도에 펼쳐진 산과 호수, 연두색 벨벳이 깔린 산자락, 테이블 메사(Table Mesa: 탁자처럼 평지 위로 올라온 고지) 동네 위로 파도처럼 일어선 붉은 바위 병풍, 이 모든 것을 배경으로 가진 대학 도시 볼더에서 등산, 산책, 자전거, 낚시, 수영, 사냥, 스키, 맥주를 즐겼습니다.

혼자 생각했습니다.

'가끔씩 친구들 만나고 오래된 책들 읽으며 즐겁게 살아가야지. 이곳에서 내 젊은 꿈을 펼칠 날도 올 거야. 그땐 이 산동네가 21세기 문화 중심지가 되겠지.'

젊은 꿈과 상상 속에서 저는 바벨탑을 하나씩 쌓아 올리고 있었습니다. 스스로 쌓아 올린 벽돌을 한 장 한 장 밟으며 하늘로 오르는 꿈을 꾸고 있었습니다.

무너져 내린 바벨탑

제게는 한 가지 모순이 있었습니다. 생애 가장 중요한 결혼식을 교회 예배당에서 가졌고, 미국 출국을 앞두고 명동성당에서 당신 뜻 따라 제 삶을 이끌어 달라고 하나님께 기도했으면서도 교회에는 다니지 않은 것입니다. 하나님을 믿지도 않으면서 중요한 시점에서는 그분의 강복과 도움을 청하였습니다.

하나님이 그 기도를 듣고 응답하신 것처럼 미국 땅에서 첫 일곱 해는 평온과 기쁨이 넘쳤습니다. 그러나 먼지 덮어쓰고 책장에 꽂힌 성경이 보여 주듯 저는 하나님을 인정하지도 않았고 하나님께 감사하지도 않았습니다. 인간 한계와 세상 가치의 허무를 전혀 몰랐습니다.

미국에 사는 한국인들은 대부분 교회를 다닙니다. 교회는 신앙 공동체일 뿐만 아니라 믿음과 상관없이 동포를 만나는 장소이기도 했습니다. 이런 와중에 몇몇 친구들과 모르는 분들이 저를 교회로 불렀습니다. 저 모르게 기도하고 계신 분들도 있었습니다.

티베트 불교 미국 본부가 있는 볼더에서 저는 불교와 동양 고전을 즐겨 읽었습니다. 따뜻한 봄날 오전, 서늘한 가을날 오후 같은 생활은 아름답기만 했습니다. 하나님을 애타게 찾아야 할 필요와 이유가 없는 평온한 나날이었습니다.

그러던 중 1987년 봄부터 저는 심한 우울증을 앓게 되었습니다. 우울증은 이후 여섯 해 동안 점점 더 악화되었습니다. 죽음을 택하는 것만이 내게 남은 최후 선택이라고 생각할 수밖에 없었던 1993년 10월 17일, 놀랍게도 하나님을 만났습니다.

2. 어느 날 만난 우울이라는 강도

웬일이냐,
너 새벽 여신의 아들 샛별아,
네가 하늘에서 떨어지다니!
민족들을 짓밟던 네가 찍혀서 땅에 넘어지다니!
네가 속으로 이런 생각을 하지 아니하였더냐?

'내가 하늘에 오르리라.
나의 보좌를 저 높은 하느님의 별들 위에 두고
신(神)들의 회의장이 있는 저 북극산에 자리잡으리라.
나는 저 구름 꼭대기에 올라가 가장 높으신 분처럼 되리라.'

그런데 네가 저승으로 떨어지고 저 깊은 구렁의 바닥으로 떨어졌구나!

사 14:12-15, 공동번역

청하지 않은 방문객

1986년 가을, 엔디콧 뉴욕에서 볼더 콜로라도로 돌아왔습니다. 첫째아들 브라이(Bry: Bryan)와 둘째아들 아스(Aus: Austin)는 연년생으로 각각 일곱 살, 여섯 살이 되었습니다. 밤늦게 아이들이 이층침대에 들면 한 가지 일이 남아 있습니다. 각자 이야기를 지어 서로 들려주는 일입니다. 마지막 이야기가 끝나기 전 아이들은 자주 잠에 곯아떨어집니다. 그들 이마에 뽀뽀해 주면 하루가 끝납니다. 1987년 첫 서너 달은 그렇게 지나가고 있었습니다.

1987년 4월경, 전혀 예상치 못한 세찬 바람이 제 삶에 불어왔습니다. 갑자기 들이닥친 거친 폭풍에 휩싸여 여기저기 깨어지고 부서진 돛단배처럼 저는 방향을 잃고 무너지기 시작했습니다. 하루하루가 언제나 가슴 설레는 행복한 날들이라 생각했었는데…. 지금껏 즐겨온 자전거, 테니스, 등산, 수영, 붓글씨, 산, 강, 호수, 눈, 달과 함께. 그러나 이 모든 걸 하나도 기뻐할 수 없는 날이 순식간에 들이닥치리라곤 상상조차 못했습니다.

뜻하지 않은 방문객이 날 찾아와 문을 두드렸습니다. 우울증이었습니다. 문을 열어 주자 그는 거침없이 제 속으로 쳐들어와 예리한 칼을 휘두르며 제 영혼을 난도질했습니다. 그 후 몇 해 동안 우울증이 휘두르는 칼날은 제 마음과 몸을 일어설 수 없게 갈기갈기 찢었습니다.

살아가며 겪는 갖가지 문제들을 지금껏 큰 어려움 없이 다룰 수 있었지만, 이젠 더 이상 그럴 수 없었습니다. 어느 순간부터 평범한 문제들이 엄청난 크기와 무게로 다가왔습니다. 저는 점점 작아지고 일상의 평범한 문제는 점점 더 커졌습니다. 여기서 불거져 나오는 열등감, 수치심, 절망감은 견디기 어려웠습니다.

마음속 깊이 숨어 있던 처절한 열등감, 수치심, 외로움, 절망감, 두려움, 불안, 초조 같은 감정들이 아우성치며 제 속에서 세차게 들고 일어났습니다. 그 방문객이 쏟아 붓는 소나기를 맞으며 어두운 생각과 느낌이 잡초처럼 무성하게 자랐습니다. 제 마음은 손쓸 수 없는 쑥대밭으로 변질되고 있었습니다.

제가 약해진 것도 사실이었고 제 마음을 휘젓는 감정들도 사실이었습니다. 하나님의 '진리'(Truth)와 실존적 '사실'(Facts)을* 구분하지 못하던 제게 '사실'은 '진리'와 같은 무게로 다가왔습니다. 사실이 곧 진리였습니다. '진리'와 '사실'이 하늘과 땅같이 다른 것을 알지 못하던 시기에 어두운 사실들이 쉬지 않고 공격해 왔을 때 저를 막아 줄 방패는 없었습니다.

저를 이해하고 돌봐줄 사람이 아무도 없다는 절망감이 저를 죽음으로 내몰고 있었습니다. 하나님을 모르고 그 사랑 알지 못하던 제게 죽음이라는 유혹은 점점 거세게 제 목을 졸랐습니다.

---

* 사실과 진리의 차이는 '4. 사실을 이긴 진리' 참조.

아침엔 서른여섯 거듭되는 죽음의 유혹,

오후엔 스물네 번 마주치는 핏빛 얼굴,

저녁엔 열두 번씩 무너지는 영육의 절망에

스스로 칼춤 추는 또 하나 따로 선 나

/ 1990년 5월 27일 시 〈마흔 가을 봄〉 중

* * *

IBM에서 첫 몇 해 동안 소프트웨어 개발, 유지 보수, 디자인 팀 인도를 차례로 맡았습니다.

"사일러스, 내일 프로그램 시연(試演)은 잘 준비되고 있어요?"

상사 제인이 부산스럽게 지나가며 묻습니다.

1986년 미 국방성 위성정보시스템 전환 사업에서 저는 6-7명으로 구성된 작은 팀을 이끌고 있었습니다. 하지만 영혼의 강도가 침입한 이후 몸과 마음이 처참하게 무너져 프로젝트 관리가 점점 어렵게 느껴졌습니다. 반년 넘는 캘리포니아 파견 근무에서 쌓인 스트레스와 피로, 캘리포니아에서 볼더로 프로젝트 본부를 옮기며 낯선 직원들을 이끌어야 하는 어려움, 사업 진행에 대한 상사 제인과의 의견 차이, 아내와 어머니 사이의 보이지 않는 긴장과 신경전 등이 제 영혼과 육신을 짓누르기 시작했습니다. 그즈음 일 마치고 집에 가면 아내와 어머니가 서로 헐뜯는 일이 잦았습니다. 피로감과 무력감이 점점 밀려들어 기운을 차릴 수 없었습니다.

'내가 설 자리가 도대체 어디야?'

무능한 제 모습이 크게 클로즈업되었습니다. 두려움, 외로움, 부끄러움이 저를 사로잡기 시작했습니다. 맡겨진 팀과 프로젝트, 집안 일, 저 자신까지 점점 벅차게 느껴졌습니다. 우스갯소리를 자주 나누며 함께 웃고 떠들던 직장 동료 크리스티(Christie)와 베티(Betty)도 점점 멀어지는 것 같았습니다.

사소한 의견 차이와 실수에도 심한 열등감이 느껴지기 시작했습니다. 언제부턴가 염려와 근심으로 잠을 제대로 잘 수 없는 날이 시작되었습니다. 이런 어려움이 새삼스러운 건 아니었습니다. 미국에 들어와 살며 크고 작은 문젯거리는 늘 있었습니다. 하지만 크게 문제되지 않았습니다. 견딜 수 있는 힘과 여유가 있었습니다.

그러나 어느 순간, 제게 벌어진 일들이 감당키 어려운 문제로 다가왔습니다. 내 안의 힘이 한순간에 무너졌습니다. 더 이상 나아가지 못하고 주저앉게 된 자신이 너무나 부끄러웠습니다. 처음엔 이런 느낌이 잠깐 사이 지나갈 거라 생각했습니다. 며칠 지나면 다시 기운 차릴 수 있을 거라고 스스로 위로했습니다. 그러나 제 의지와 전혀 다르게 생각과 감정은 점점 반대쪽으로 달려갔습니다.

어두워진 얼굴이 비치는 거울을 멀리했습니다. 의욕과 기운이 바닥난 가운데 조그만 일을 감당하는 것조차 점점 더 힘들어졌습니다. 식욕이 사라졌고 밤이면 우울증에 대한 지나친 염려와 불안으

로 잠을 이룰 수 없었습니다. 아침에 일어나기가 얼마나 어려웠는
지…. 젊은 시절의 꿈과 소망을 잃고 절망 속에 허우적대는 모습이
마치 끊어진 활줄, 찢어진 북, 깨어진 툭사발과 같았습니다.

　어두운 세력은 사납게 제 영혼을 칼질하기 시작했습니다. 처참한
절망감은 열길 넘는 파도처럼 저를 삼켰습니다. 자다가 여러 차례
잠에서 깨곤 했습니다.

도둑맞은 영혼

　봄은 볼더의 개울과 산에 연두색을 풀어 놓습니다. 눈 녹은 개울
물은 얼음같이 차고 산기슭에는 초록색 벨벳이 깔립니다. 그러나
이제 그것들이 더 이상 아름답게 보이지 않았습니다. 별천지 같은
색채와 기운으로 저를 반기던 산과 하늘도 마찬가지였습니다.

　봄날 오후, 주치의 베설(Dr. Bethel)을 만났습니다. 여러 주 동안 계
속된 증세와 어두워진 마음을 얘기했습니다.

　"닥터 헨델(Dr. Haendell)을 만나보는 게 어때요? 이 분야에선 아주
훌륭한 분입니다."

　베설은 정신신경과 의사를 만나보길 권했습니다. '뭐라고? 정신
신경과? 내가 왜?' 속으로 외치며 저는 그를 쳐다봤습니다. 놀라운
건 그가 아무렇지도 않은 듯 담담하게 얘기한다는 사실입니다. 마

치 제 고통이 별거 아니라는 듯. 그러나 제 마음엔 부끄러움과 절망이 세차게 소용돌이쳤습니다.

다음 날 볼더 광장 동쪽 끝, 빅토리아식으로 지어진 사무실에서 의사 헨델을 만났습니다. 아름다운 동네에서 정신과 의사를 만나야 하는 처지가 무척 당혹스럽고 부끄러웠습니다. 혹시 아는 이가 나를 볼까 봐 두려웠습니다. 헨델은 안데르센 동화에 나올 법한 따뜻하고 푸근한 노인이었습니다.

"여기로 편히 앉아요. 그래, 기분이 어때요?"

"……."

"여기선 봄이 되면 많은 이들이 우울증을 호소해요. 볼더로 와서 생활한 지 얼마나 되지요?"

"7년 정도….

"7년이라. 여긴 지대가 높아 7년 정도 지나면 건강에 이상이 생기는 사람이 꽤 있어요. 그러다 보면 우울증으로 고생하는 이들도 있고요."

얼마간 증세를 들은 후, 그는 항우울제를 처방했습니다.

"우선 이미프라민(Imipramine)을 처방할 테니 먹어 봐요. 효과를 보려면 2-4주 정도 기다려야 해요. 꾸준히 먹어야 해요."

이렇게 우울증 치료가 시작됐습니다. 대여섯 주 지나자 어두운 생각과 감정이 차츰 사라졌습니다. 얼마 더 지나자 오히려 힘이 넘쳤습니다. 기쁜 마음으로 아름다운 산과 호수와 개울을 다시 찾기 시작했습니다.

하지만 나은 듯한 우울증은 거듭 찾아왔습니다. 매주 한두 번씩 의사를 만났습니다. 한 시간가량 상담하면서 마음과 몸 어디에 고장이 났는지 찾아보지만 오리무중입니다. 대여섯 번 만난 후엔 그냥 한 주일 생활을 얘기하고 마음에 오가는 생각을 돌아보는 선에서 그칩니다. 항우울제를 꾸준히 먹고 있는지, 몸과 마음 반응은 어떤지 묻습니다. 복용량은 적절한지, 다른 약을 먹어야 할지도 체크합니다.

그런 가운데 저는 상태가 조금 나아지면 몰래 약을 끊곤 했습니다. 그러다 보면 몇 달 지나지 않아 상태가 다시 악화되곤 했습니다. 어느 날 의사 헨델은 정색하며 말했습니다.

"미스터 구, 혈액검사 결과를 보니 두뇌 화학물질이 고르지 않아요. 약 먹는 거 쉬지 말아요. 어쩌면 평생 먹어야 할지도 몰라요. 상태가 좋아져도 당분간 약 먹는 거 거르지 마요. 항우울제는 몸에 해롭지 않으니 염려할 거 없어요."

저는 그때까지도 희망을 버리지 않았습니다.

'약 먹기 싫어. 잠을 설치는 건 여전하고 밥 먹는 것도 힘들잖아. 두렵거나 불안한 건 어느 정도 가라앉겠지. 하지만 멍하고 둔한 느낌은 싫어. 아프더라도 있는 그대로 느끼고 싶어. 슬프거나 기쁘거나 두렵거나 편안하거나 있는 그대로. 지금은 아프지만 몇 번 더 이러다가 나을 거야. 마음 편히 취미 살리고, 친구들과 자주 오가고,

운동하고 좋은 음식 먹으면 낫겠지.'

하지만 반복되는 우울증이 한두 해를 넘기자 평생 약을 먹어야 할 것 같다고 의사는 말했습니다. 저는 물었습니다.

"이 지긋지긋한 우울증은 왜 자꾸 찾아오나요?"

그는 "두뇌 화학물질 균형이 깨어져서"라고 답합니다. 다시 물었습니다.

"균형? 균형이 깨지는 이유는요?"

그러나 속 시원한 답을 듣지 못했습니다.

항우울제 처방과 함께 의사들은 제 어린 시절을 살피며 어떤 원인을 찾으려 했습니다. 그들이 알아낼 수 있었던 상처는 두 가지 정도였습니다. 하나는 제가 태어난 지 일주일 뒤부터 열 살 위 누나에게 맡겨졌다는 점입니다. 어머니가 시장에 나가 일하셔야 했기 때문이지요. 다른 하나는 아버지 대신 가장 역할을 떠맡은 열네 살 위 큰형에게 사랑과 억압을 동시에 받는 아픔이었습니다. 갓 태어난 아기가 일주일도 지나지 않아 엄마 품을 떠난 것이 불안과 두려움의 주된 원인이었던 것 같다고 의사가 말했습니다.

처음엔 그 진단에 솔깃했습니다. 다른 속 시원한 설명이 없으니 나름 설득력도 있었습니다. 하지만 그것이 여러 해 반복되는 우울증의 주된 원인이라 믿기엔 뭔가 석연치 않았습니다.

'자라는 동안 엄마와 낮 동안 떨어졌다는 이유로 큰 고통은 없었

는데. 오히려 내겐 더없이 행복했던 어린 시절이었는데….'

그 시절엔 낮에 어린 아기를 형이나 누나 혹은 할머니 할아버지에게 맡기고 일 나가는 부모들이 흔했습니다. 동네 사람들이 모두 가족같아 외롭진 않았습니다. 이보다 훨씬 더한 어려움을 겪었어도 꿋꿋하게 살아가는 이들을 많이 보았습니다. 제가 겪는 주기적 고통이 어디서 무엇 때문에 시작되었는지 도무지 알 수 없었습니다.

열두 해 동안 세 명의 의사를 거쳤습니다. 그 분야에서 평판이 좋은 분들이었습니다. 잘 듣는 약을 찾는답시고 이것저것 복용했던 항우울제 종류가 열네 가지 정도로 늘었습니다. 부작용이 힘들어 조금이라도 기분이 나아지면 의사 몰래 약을 끊었습니다.

첫 여섯 해 동안 의사들은 심리분석, 정신분석, 상담, 최면 등을 시도했고 적극적 사고, 인지행동치료, MBTI, 에니어그램 등을 소개했습니다. 그러나 각각의 설명을 수긍하기 어려웠고 지속적이고 안정적인 도움을 받지 못했습니다. 여러 치료책은 신기루와 같았습니다. 예외 없이 '혹시나'에서 '역시나'로 끝났습니다.

상태는 점점 더 악화되었습니다. 사면 벽과 위 아래가 거울로 덮인 방에 갇혀 있는 것 같았습니다. 마주치고 싶지 않은 저의 추악한 몰골을 피할 길 없었습니다. 이 모든 고통이 저를 하나님에게로 몰아가는 '사자(獅子) 수레바퀴'였다는 것을 그분을 만난 후에야 알게 되었습니다.

심리치료의 유익과 한계를 경험하며

의료적 치료, 약물, 상담 등은 분명 큰 유익이 있습니다. 저도 일시적으로 큰 도움을 받았습니다. 그러나 치유의 근본이신 하나님을 만나지 못하면 다람쥐 쳇바퀴 돌 듯 어려움이 반복되는 경험을 했습니다. 제가 실행했던 경험과 상담을 토대로 이러한 치료의 유익과 한계를 정리해 보았습니다.

• 두뇌 화학물질의 불균형을 치료하는 약물(항우울제)치료

사별, 이혼, 출산, 갱년기, 재정과 인간관계의 어려움 등 환경의 급격한 변화로 평소 건강하던 이들이 일시적으로 우울증에 시달릴 때 효과가 있습니다. 우울증의 원인이 반응성(反應性)이든 내인성(內因性)이든 두뇌 화학물질의 불균형이 오래 지속되면 마음과 영혼을 돌보는 것만으로 치유가 어렵습니다.

약물치료는 뇌신경 화학이론에 근거하여 두뇌 화학물질의 불균형을 치료하는 방법입니다. 장점은 심리치료만으로 손댈 수 없는 환자를 도울 수 있다는 것입니다. 약물을 적절히 사용하면 많은 사람이 최후 수단으로 여기는 정신병원 입원이 필요하지 않을 수 있습니다.

그러나 환자의 그릇된 생각이나 세계관, 우상숭배적 탐욕에서 비롯된 우울증이라면 증상 완화의 효과를 가진 약물만으로 근본문제가 해결되지 않습니다. 마음의 변화, 가치관의 변화, 근원적 치유에

관심을 기울여야 합니다. 저의 경험에 의하면, 유전성 및 순수 신체 생리학적 원인에 의한 우울증을 제외하고는 대부분 몸과 마음과 영혼을 돌보는 입체적 치유를 통해 항우울제 의존도가 점진적으로 사라지는 것을 보아 왔습니다. 또한 건강한 식생활, 운동, 사람들과의 교제를 적절히 병행해야 합니다.

• 치료 효과가 탁월한 심리상담치료

몇 가지 대표적 심리상담의 유익과 한계를 성경적 관점에서 간단히 살펴보겠습니다. 치료 효과 면에서 탁월할 뿐 아니라 성경적 접근과 유사한 몇 가지 대표적 심리이론은 인지행동치료, 해결 중심 단기치료, 이야기치료입니다.

먼저, 인지행동치료는 환자의 그릇된 사고체계와 세계관을 객관적이고 합리적인 생각으로 바꾸는 인지치료와 실천적 행동을 강조합니다. 이 접근은 우울증 치료 효과에 있어서 항우울제와 같거나 더 나은 것으로 여러 연구 결과에서 증명되었습니다. 감당하기 어려운 문제를 만나면 사람들은 대부분 어두운 시각으로 상황을 해석하는 경향이 있습니다. 그러한 그릇된 생각을 바로 잡아가는 치료 방법입니다.

해결 중심 단기치료는 자신의 문제를 해결할 수 있는 길과 자원을 이미 갖고 있지만, 문제가 너무 크게 보인 나머지 그 자원들이 잠시 보이지 않는다고 가정합니다. 그러므로 환자가 깨닫지 못한 자원을 일깨워 주고 이미 잘 진행되고 있는 치유 내용을 주목하며 격려합니다. 그리고 실천 가능한 회복 목표를 세워 환자 스스로가 회복의 진척을 평가하게 합니다. 문제를 집중 분석하기보다 해결을 함께 찾아갑니다.

이야기치료는 '나는 우울증 환자다'라는 인식을 '나는 우울증과 씨름하는 정상인이다'로 바꾸는 접근입니다. 우울증의 원인을 찾아내기 위한 길고 반복적인 탐색을 절제하고 회복을 위한 새로운 삶의 해석과 생산적인 이야기를 쓰는 것입니다. 치료는 병적 사실의 나열이 아니라 건강한 자아를 다시 세우는 데서 시작된다고 보는 치료 방법입니다.

• 대표적 심리이론의 한계와 그것을 극복하는 성경적 치유

위의 세 가지 심리치료는 치유 효과도 긍정적이고 성경적 접근과 닮아 있습니다. 인지 왜곡에서 드러나는 흑백논리, 일반화, 의미확대 및 축소 등은 성경 인물에서도 그 예가 많이 나타납니다. 죄성을 가진 인간은 힘든 문제에 직면하면 대체로 비관적이고 극단적인 사고체계를 보여 줍니다. 그러나 성경은 이와 달리 하나님께서 인간이 가진 그릇된 생각을 바로 잡아나가는 과정을 보여 줍니다.

인지치료의 한계는 인간이 말하는 객관적 사고체계에 절대 기준

이 없다는 사실입니다. 각자의 견해와 주장이 다르지요. 그러므로 인간이 말하는 객관적 사고는 온전한 것이 아닙니다. 또한 인지이론은 사실을 치유의 근거로, 성경은 진리를 그 근거로 제시합니다. 예를 들어 타락한 세상에 태어나서 늙고 병들고 죽는 것으로 인한 삶의 고통은 객관적 사실입니다. 문제는 이 사실을 안다고 해도 생로병사의 문제를 해결할 방법을 찾을 수 없다는 데 있습니다. 그러나 성경은 그리스도의 구원에 의한 영원한 생명, 평안, 기쁨을 약속하며 근본적 해결책을 제시합니다.

해결 중심 단기치료는 우울증이라는 문제를 주목하기보다 문제를 해결할 수 있는 자원으로 시선을 돌리는 점에서 성경과 유사합니다. 출애굽 때 이스라엘은 광야에서 물, 먹거리, 바로의 군대 같은 현실적인 문제와 맞닥뜨렸습니다. 이때 그들이 주목하지 못한 것은 구름기둥, 불기둥으로 그들과 함께하시는 하나님이었습니다. 그래서 지도자들은 두려움과 불평 불만으로 가득한 백성에게 하나님의 선한 이끄심과 능력을 기억하고 믿음으로 나아가기를 촉구했습니다. 해결 중심 단기치료는 유한한 인간과 주위 환경을 치유자원으로 삼을 수밖에 없지만, 성경적 치유는 그것에 더하여 자비롭고 전능하신 하나님의 사랑과 능력에 직접 연결되어 있습니다.

이야기치료는 회복의 청사진을 품은 한 개인이 건강하게 변화하는 이야기를 소망 안에서 써 나가면서 파괴적 관점과 세계관을 극복하는 데 분명한 유익이 있습니다. 그러나 인간의 의지, 이성, 자원이라는 한계를 넘어서지 못합니다. 한편 여러 문제에 대한 다양한 인간의 반응, 하나님의 약속과 개입, 인간의 깨달음과 방향 전환에 대한 사례가 폭넓게 담겨 있는 성경적 이야기치료는 전능하고 자비롭고 무한한 하나님과 직접 연결됩니다. 그러므로 치유의 자원과 변화의 가능성이 이야기치료 수준을 크게 뛰어넘습니다.

가야 할 곳, 머나먼 우회로

아이들이 초등학교에 들어가면서부터 고등학교를 마칠 때까지 앓았던 우울증은 우리 집에 뜻하지 않은 그늘을 드리웠습니다. 아이들 축구경기나 야외활동에 기쁜 마음으로 함께 가지 못했고 그들과 보내는 시간은 점점 줄어들었습니다. 즐거운 시간을 함께 보내기보다 감정 기복이 심하여 누워 있을 때가 많았습니다.

아이들이 게을러 보이면 거친 말을 퍼붓고, 허락없이 친구 집에서 몇 번 자고 오면 걱정과 두려움에 휩싸여 때로는 심하게 때리기도 했습니다. 저의 말과 행동은 아이들과 아내에게 큰 충격과 고통을 안겼습니다. 유순한 아내와 아이들은 이 모든 걸 가만히 참아 냈습니다. 오랜 세월 견뎌야 했던 아픔이 얼마나 컸는지 먼 훗날에야 자세히 들을 수 있었습니다. 온 가족이 하나님을 만난 후 긴 세월 동안 용서를 구하고 용서하는 시간이 이어졌지만 아이들 가슴에 응어리진 상처는 아직도 여기저기 남아 있습니다.

지나친 감정기복 때문에 누구와도 약속을 지키기 어려웠고 나중엔 아예 약속을 하지 않게 되었습니다. 말과 행동이 마음처럼 되지 않아 가족에게 큰 상처를 안겨 준 저였지만 그래도 가족이 저의 우울에 영향받지 않고 즐겁고 알뜰하게 그리고 자기답게 살아가기를 간절히 바랐습니다. 우울증을 앓으며 가장 두려웠던 것은 저로 인해 온 가족이 우울의 늪에 빠지는 것이었습니다. 하나님을 몰랐을 땐 그 두려움이 얼마나 컸던지 생각할 때마다 숨이 막혔습니다.

남편의 긴 우울증이 이해되지 않아 때때로 괴로워했어도 밝고 쾌활한 성품을 놓지 않고 아이들과 저를 돌보아 온 아내의 수고, 가족끼리 자주 모여 함께 놀기를 즐기는 외가 분위기가 우리 식구에 겐 그나마 최소한의 바람막이었습니다.

아내에게 지금까지 고마운 것은 길고도 어려운 시기를 잘 이겨내고 저를 떠나지 않고 끝까지 가족을 붙들어 온 것입니다.

한편 저는 기분이 나아질 때마다 치유의 희망을 붙잡고 할 수 있는 노력을 다 기울였습니다. 특히 직장 일에 지장을 주지 않으려 애썼습니다. 달리기, 자전거, 스키 등의 취미생활을 통해 걷잡을 수 없는 생각과 감정을 어떻게든 다스리고자 했습니다. 그러나 그 어떤 노력에도 우울증은 나아지지 않았습니다.

* * *

티베트 불교 본부가 있는 볼더에는 나로파 연구소(Naropa Institute)가 있습니다. 때때로 달라이 라마(Dalai Lama)가 다녀가면 그를 따르는 서양 사람들이 무리지어 모여듭니다. 조계종 숭산(崇山) 스님이 가끔 볼더 캠퍼스를 다녀가며 '나는 모른다'(I Don't Know)라는 화두를 던졌습니다. 바쁜 가운데서도 자주 제게 편지를 써 주셨습니다.

저는 병을 고치려는 생각에 불교를 더 깊이 연구하고 참선을 훈련했습니다. 글과 그림에 드러난 신비로움으로 불교는 제 마음을 사로잡았습니다. 《참선의 살, 참선의 뼈》(Zen Flesh, Zen Bones)라는 책에 매혹되고, 하버드에서 영역한 법구경 《Dhammapada:The Way to The Truth》은 베껴서 외울 정도로 감동이 깊었습니다. 이처럼 지혜로워 보이는 말, 곧 성인(聖人)의 말과 지혜를 좇아가기 시작했습니다.

진리를 향한 먼 우회로는 그렇게 시작되었습니다. 고통을 당하면서도 하나님을 찾지 않았습니다. 하나님 사랑과 진리를 전하는 사람들의 말을 귀담아듣지 않았습니다. 그들을 마음속으로 경멸하며 저 혼자 스스로 일어설 것을 다짐했습니다.

"어리석은 사람은 마음속으로 '하나님이 없다' 하는구나. 모두가 하나같이 썩어서 더러우니, 착한 일을 하는 사람이 아무도 없구나. 주께서는 하늘에서 사람을 굽어보시면서, 지혜로운 사람이 있는지, 하나님을 찾는 사람이 있는지를, 살펴보신다" 시 14:1-2, 표준새번역

교양서적 보듯 가끔 읽었던 성경 여기저기에 이해할 수 없는 말씀들이 있었습니다.

"너희는 내 앞에서 다른 신을 모시지 못한다" 출 20:3, 공동번역

"주 너희의 하나님은 삼키는 불이시며, 질투하는 하나님이시다" 신 4:24, 표준새번역

고등학교 때 속으로 생각했습니다.

'너희는 나 외에 다른 신을 섬기지 말라? 자비롭고 참된 하나님이라면 어련히 공경할까? 뭐가 아쉬워서 이 계명을 맨 첫자리에 올려놓았지? 게다가 또 이건 뭐야? 질투하는 하나님이라? 사랑이 많으신 하나님께서? 게다가 화난다고 세상을 물로 쓸어 없애고 도시를 불로 태우고…. 원, 이거 한 사람이라도 제대로 목숨 부지하겠나?'

결국 성경을 멀리했습니다. 전체를 다 읽은 후 깊은 뜻을 헤아려 보지도 않고. 저와 얘기하기 원하시고 제 두 눈을 뚫어지게 쳐다보시며 "인유야! 내가 널 얼마나 사랑하는지 알고 있니?"라고 물어보시는 인격적 하나님을 미처 몰랐습니다.

당신을 놀랍게 만난 이후에야 하나님을 외면하던 제 고집이 얼마나 완악한지 말씀으로 깨닫게 되었습니다.

"내 백성이 결심하고 내게서 물러가나니 비록 저희를 불러 위에 계신 자에게로 돌아오라 할지라도 일어나는 자가 하나도 없도다 에브라임이여 내가 어찌 너를 놓겠느냐 이스라엘이여 내가 어찌 너를 버리겠느냐 내가 어찌 너를 아드마같이 놓겠느냐 어찌 너를 스보임같이 두겠느냐 내 마음이 내 속에서 돌아서 나의 긍휼이 온전히 불붙듯 하도다 내가 나의 맹렬한 진노를 발하지 아니하며 내가 다시는 에브라임을 멸하지 아니하리니 이는 내가 사람이 아니요 하나님임이라 나는 네 가운데 거하는 거룩한 자니 진노함으로 네게 임하지 아니하리라" 호 11:7-9, 개역한글

* * *

이렇게 어디로 가는지도 모르며 우왕좌왕 내치다가 결국엔 저도 모르게 하나님께로 이를 수밖에 없는 길, 제가 알지도 못하고 인정하지도 못하던 그분, 미지수 X로밖에 부를 수 없는 이를 향해 저도 모르게 달려온 삶의 흔적이 파편처럼 널려 있었습니다.

살아 계신 하나님을 제대로 알지 못하던 때, 그분이 나의 하나님이라는 것을 인정하지도 않던 때 고통스러운 제 삶을 정리한 〈마흔 가을 봄〉이 씌어졌습니다.

마흔 가을 봄 바뀌도록 내 뜻 펴지 못하였고
양 무리와 어울리며 사자(獅子)인 나 잊어 왔다.

한 기쁨 크게 웃고 천 슬픔 가슴 만졌다.
한 칭찬 우쭐하고 천 수치 나를 잃었다.

도적같이 걸어 온 이 산길
일어선 소나무들은 알 것이다.
얼마나 수없는 날들,
영욕(榮辱)의 산술 셈에 어지러이 지나갔는지.

마흔 가을 봄 지나도록 성숙한 시간 갖지 못한 채
넝마 옷 낮게 끄는 파란 영혼 마주해 왔다.

초라한 누더기에 바스러진 지팡이 쥐고
절고 꺾어지는 비틀걸음,
입가로 묻은 빌어먹은 음식 찌끼.

어설픈 웃음 지나치는 이들에게 던지면
외면하고 비웃음치며 피해가던 사람들….

거지 옷 스스로 갈아입던 옛 기억도
더듬기 힘든 고달픈 이 길
언제부턴가 나는 나면서부터 거지인 것을.

마흔 가을 봄 스치도록 외롭게 외쳐 왔다.
스스로를 두려워하는 무서운 마음과 다퉈 왔다.

아침엔 서른여섯 거듭되는 죽음의 유혹,
오후엔 스물네 번 마주치는 핏빛 얼굴,
저녁엔 열두 번씩 무너지는 영육의 절망에
스스로 칼춤 추는 또 하나 따로 선 나.

그러나 이제 보라!
불빛이 등잔에 옮겨옴을.
오늘 조약돌 주워 가면
내일 흑진주가 집힐 것을.

내게로 옮겨진 불빛 어느덧 춤을 추고
꾸미지 않은 빈방 환히 비추리라!
타오르는 목마름! 타오르는 기다림! 타오르는 소명!
/ 1990년 5월. 〈마흔 가을 봄〉

Forty Falls and Springs

Forty Falls and Springs have come and gone
without seeing my flowers bloom along the path.

53

Lost in the crowd of lambs huddled together

forgetting I came alone as a young Lion from afar.

Sometimes I burst into a laughter, rejoicing,

but my hands crossed my chest by a thousand sorrows.

Boastful by a flattery I have received

and lost by a thousand humiliations I have been.

Those standing pines along the trails of this mountain

where I have walked silently like a thief

might know very well how many days I spent in vain

with numerous arithmetic of grace and disgrace.

Forty Falls and Springs have passed by

without having a glittering moment cross my way.

Tens of thousand times I have encountered

a pale blue spirit wearing ragged clothes.

Wearing worn-out and wretched robes,

leaning on a fragile staff,

I have led broken and limping steps

with crumb and scum of begged food

of a broken bowl around my cracked lips.
Many times I have cast awkward smiles
to whom I saw along the path
only to see their turning faces
hiding their contempt inside.

The journey has been so long and exhausting
to remember a day I changed my clothes with a beggar's.
It seems true now that I was born
as the beggar from the beginning.

Forty Falls and Springs have disappeared
while I have been roaring alone in the wilderness.
I have been wrestling in vain with my mind
which has been afraid of itself.

The sweet temptation of death knocked at my door
forty and eight times in the early morning,
a bruised face, spotted with crimson blood, stared at me
twenty and four times during the whole afternoon,
and my body and soul were collapsed altogether
ten and two times each and every night

while another self of mine was dancing

with two silver swords to a devil's drum beat, incessant.

But now look here!

A light is coming to my rusted lamp from nowhere.

while I keep picking up small pebbles today

may I pick up luminant pearls tomorrow.

The lamp of my soul burns brightly

casting brilliant light to the dark surroundings.

The Burning Thirst,

The Thirsty Longing,

The Longing Summons.

달라진 어머니, 처음 읽은 성경

한국에 계신 큰형님 사업이 어려워졌습니다. 1985년 어머니를 미국 땅으로 모셨습니다. 함께 산 곳은 엔디콧 뉴욕과 볼더 콜로라도. 언제부턴가 어머니와 아내 사이에 불편한 긴장이 시작되었습니다. 제가 우울증을 심하게 앓기 시작한 1987년 봄 어머니는 한국으로 돌아가셨습니다.

그 후 1991년 어머니를 다시 미국으로 모실 기회가 있었습니다. 형님이 캐나다에서 정착하는 동안 우리와 함께 사시는 게 나을 것 같아서였습니다. 테이블 메사로 이사 와 처음으로 집을 장만했을 때입니다.

어머니는 놀랍게도 달라져 있었습니다. 평안하고 온화한 기운이 감돌았습니다. 예전과 달리 새벽에 일찍 일어나 혼자서 성경 읽고 찬미하셨습니다. 걸어서 10분 정도 걸리는 근처 성당을 매일 아침 오가며 말이 전혀 통하지 않는 미국 사람들과 새벽 미사를 드리셨습니다. 하루는 어머니가 저에게 성당 신부님을 꼭 만나보라고 말씀하셨습니다.

신부님 사택을 어머니와 함께 방문했습니다. 신부님은 반가이 맞아 주셨습니다. 말은 전혀 통하지 않지만 성당 교우들이 어머니를 무척 좋아한다고 말씀하셨습니다. 칠순이 넘은 신부님 얼굴은 아기 같았습니다. 평온하고 겸손한 모습이었습니다.

신부님은 자신이 사는 집안을 여기저기 보여 주셨습니다. 지하실에는 방문자 객실이 여럿 있었습니다. 신부님은 우울할 때면 분주한 장터와 광장을 자주 들른다고 말했습니다. 떠들썩하면서도 부지런히 살아가는 사람들의 활기가 지친 마음에 위로가 된다고 했습니다. 신부님 사택을 나오기 전, 신부님은 저를 위해 손을 얹고 기도해 주셨습니다.

어머니는 이렇게 매일 아침 걸어서 조그만 미국 성당에서 새벽 미사를 드리셨습니다. 어머니의 변화, 대체 무슨 일이 일어난 걸까? 하나님은 어머니에게 어떤 분이신가? 어머니는 하나님에게 어떤 사람인가? 하나님이 대체 어떤 분이기에 이렇게 놀라운 변화가 일어났는가? 몸이 자주 아프고 안색이 어두우셨고 때때로 고집과 욕심을 보이시던 어머니였는데, 정말 많이 변하셨습니다. 늘 감사하고 기뻐하며 부드럽게 대하고 양보하셨습니다.

어머니 변화를 보고 하나님을 다시 알아야겠다고 결심했습니다. 인간의 죄악을 무섭게 벌하시는 하나님, 질투가 많으신 하나님, 어떤 때에는 속 좁은 분으로까지 비쳐졌던 하나님으로 알고 있었는데, 제가 하나님을 잘못 이해하고 있는 것 같았습니다. 지금껏 도덕책 읽듯 여기 조금 저기 조금 훑었던 성경을 다시 손에 들었습니다. 전체를 쭈욱 읽기로 마음먹었습니다.

* * *

"야야, 저쪽 먼다앙 갱치(먼 곳 경치)가 희한키 좋제. 바우가 꼭 병풍 아이가! 이리 좋은 데 사니께이 울메나 고맙것네 주님이. 니는 참 복도 많제. 아-덜도 저리 휘이 커고 순종하제. 니 안사람도 그만하모 됐고, 집도 직장도 비미(오죽히) 좋나! 걱정할끼 머 있겠노! 하모(그럼), 걱정할끼 없는기라!"

어머니가 동네 호숫가를 함께 산책하며 말씀하셨습니다. 칠순 노모는 사십 줄에 들어서는 막내아들이 여러 해 전부터 우울증에 시달리는 게 안타까우셨던가 봅니다.

집으로 돌아와 예전 일기와 틈틈이 써놓았던 글들을 뒤집니다. 통증을 참지 못해 모르핀을 급히 찾는 환자같이 허둥댑니다. 잃어버린 삶의 기쁨과 아름다움을 기억해 보려고 노트를 빠르게 넘깁니다. 안개처럼 흩어져 버리는 기쁨과 희망을 다시 움켜쥐려는 초라한 몸부림.

아름다운 경치를 놓치지 않으려고 풍경 사진 찍듯 써놓은 글을 찾아냈습니다. 하이쿠(일본 전통의 서정적 단시)처럼 짧은 글들, 아름다운 순간들을 잃어버리지 않으려고 애써 써놓은 것들입니다.

밤에 들린 호수, 조는 오리 떼, 달은 반쪽, 호수거울에 담긴 마을
(Night at Villie Lake, dozing geese, half moon, mirrors of the village.)

비는 삼나무 지붕 두드리고 창은 열렸다.
깜박 잠든 사이 책은 펼쳐져 있고.
(Rain beats cedar roof, windows open, falling into sleep, books unclosed.)

엘도라 숲 스키 타며 지나갈 때 마주쳐 부는 세찬 바람
하늘 위로 눈을 몰아 춤춘다. 그런데 애들은 어디 있지?
(Cross country at Eldora, gusty wind, upward snow dance, where kids?)

그러나 이 글들은 더 이상 제게 어떤 감흥도 주지 못했습니다. 보석처럼 여겨졌던 삶의 여러 순간은 짙은 회색으로 변했습니다.

한편 미국 여러 곳을 출장 다니며 모은 책들이 책장을 채우기 시작했습니다. 노자, 장자, 헨리 소로(Hanry D. Thoreau), 도겐(道元)**, 칼 융(Carl Jung), 게오르기 구르지예프(Georgii Gurdzhiev)***, 모리스 니콜(Maurice Nicoll)****이 쓴 글들과 부처님 설법, 선(禪) 문답집 등을 때때로 읽었습니다.

추함과 아름다움, 불안과 평안, 절망과 소망, 슬픔과 기쁨이 어지럽게 뒤섞였고, 맞춰지지 않는 삶의 모자이크처럼 제자리를 찾지 못한 조각들은 깨어진 유리조각으로 변해 제 영혼을 아프게 찔렀습니다. 이러는 가운데 1992년 봄, 성경을 처음 읽기 시작한 지 두어 달 후 한 가지 꿈을 꾸었습니다.

** 일본 조동종을 연 선종 계열의 승려

*** 소련의 신비주의자

**** 영국의 정신과 의사이자 작가

* * *

크지도 작지도 않은 어떤 산이 보였습니다. 많은 사람이 그 산을 오르고 있었습니다. 산꼭대기로 오르는 길은 여러 겹으로 펼쳐진 S자 모양입니다. 그 산 곁에 빌딩처럼 높고 큰 책장이 마주 서 있었습니다. 산꼭대기와 키재기라도 하듯 책장은 산과 나란히 수직으로 섰습니다. 책장 높이는 산꼭대기와 거의 같았습니다.

저는 책장 선반을 하나하나 짚고 올라갔습니다. 한 층 한 층 손쉽게 책장을 타고 올랐습니다. 24층 건물 높이가 될 듯한 꼭대기 선반에 거의 다 이르렀습니다. 산꼭대기도 바로 곁에 맞닿아 있습니다. 책장에서 한 걸음만 크게 뛰면 산꼭대기로 건너갈 수 있을 것 같았습니다.

저는 속으로 중얼거렸습니다.

'사람들이 책장을 타고 나처럼 쉽게 오르면 될 걸, 무슨 고생을 하려고 엿가락처럼 구부러진 S자 길을 따라간담?'

그러나 마지막 선반으로 손을 올린 순간, 꼭대기 책들이 쏟아져 내렸습니다. 이와 함께 책장 선반도 위에서 아래로 한 칸씩 무너졌습니다. 놀란 나머지 이를 피해 급히 한 칸 아래로 갔습니다.

한 칸을 내려가자 바로 위 칸 책들이 또다시 쏟아져 내립니다. 저는 선반을 따라 한 칸씩 서둘러 내려옵니다. 같은 속도로 책들과 선반은 한 칸씩 위에서부터 차례로 쏟아져 내렸습니다.

땅에 발을 딛자, 책들과 선반은 하나도 남김없이 땅으로 다 쏟아져 내렸습니다. 그 더미에 파묻히지 않은 것만 해도 천만다행입니다. 먼지를 털며 안도의 한숨을 내쉬었습니다.

마침 둘째아이 아스가 곁에 서서 눈을 멀뚱거립니다. 저는 어린 둘째 키에 맞춰 쪼그려 앉았습니다. 왼손으로는 아이의 어깨를, 오른손으로는 아이의 손을 붙잡고 얘기합니다.

'아스, 저 사람들처럼 꾸불꾸불 산길 따라 오를 걸 그랬어. 아빠처럼 책장 따라 급히 오르는 게 아니었어. 흙냄새 풀냄새 맡고 가끔 먼지 뒤집어쓰면서 천천히 오르는 저 길, 그게 우리가 가야 할 길이었어.'

✳ ✳ ✳

꿈에서 깨어 일어났습니다. 선명하게 남은 인상 때문에 꿈이 현실 같았습니다. 오래 생각할 필요가 없었습니다. 이 꿈이 무엇을 뜻하는지는 쉽게 와 닿았습니다.

책이 아니라 삶,
머리가 아니라 가슴,
속도가 아니라 여유.

책장 위에 가득 쌓인 책들은 제 삶을 풍요롭게 이끌지 못했습니다. 머리에 담긴 예리한 지혜는 가슴이 가진 정직한 어리석음만 못했습니다. 책은 대부분 환상을 팔았고 저는 여태 그 환상을 사들였습니다. 갈증이 난 이가 물을 찾지 못해 바닷물을 퍼마시는 것 같았고 신기루를 쫓아갔던 이가 또 다른 신기루를 찾아가는 모습이었습니다.

3. 벼랑 끝에서 열린 치유의 길

여호와께서 그를 황무지에서,
짐승의 부르짖는 광야에서 만나시고
호위하시고 보호하시며
자기 눈동자같이 지키셨도다

마치 독수리가 그 보금자리를 어지럽게 하며
그 새끼 위에 너풀거리며
그 날개를 펴서 새끼를 받으며
그 날개 위에 그것을 업는 것같이
여호와께서 홀로 그들을 인도하셨고
함께한 다른 신이 없었도다

신 32:10-12, 개역한글

사는 것이 죽는 것보다 더 어려워

1993년 봄은 빠르게 지나갔습니다. IBM 프로젝트는 속히 마쳐야 했습니다. 뉴욕의 맨해튼 월가와 콜로라도의 볼더를 수차례 오갔습니다. 씨티은행 IT시스템 전면 전환을 위해 젊은 미국인들로 구성된 조그만 팀을 이끌던 시절, 저희 팀이 맡았던 주요 업무는 네트워크 기반시설, 사무자동화, 전산센터 원격감시 등이었습니다. 그 해 가을 과업은 무난히 끝났습니다. 볼더에서 원격 감시하는 맨해튼 씨티은행 전산시스템은 만족스럽게 운영되었습니다.

그즈음 제가 제안한 국제 정보스테이션(International Information Station), 곧 정보통신을 기반으로 한 21세기 신개념 우체국에 대한 반응도 좋았습니다. 다음 주에는 IBM 통합 솔루션 자회사(ISSC: Integrated Systems Solutions Corp.) 사장과 중역진에게 사업 타당성을 발표할 예정이었습니다. 이와 함께 틈틈이 노벨(Novell)사 주관 네트워크 기술 자격증(Certified Network Engineer)도 준비했습니다. 대개 한 해 반 정도 걸리는 걸 두 달 만에 끝냈습니다.

겉으로 보기엔 모든 게 순탄하게 흘러갔습니다. 그러나 마음속 깊은 곳은 우울증과 피로감으로 새까맣게 타 들어가고 있었습니다. 조그마한 일에도 신경이 곤두서고 감춰진 절망이 차곡차곡 쌓였습니다.

'지금 하는 일에 무슨 기쁨이 있는가? 먹기 싫은 걸 꾸역꾸역 삼

키듯, 맡은 일을 겨우겨우 힘겹게 처리하고 있지 않나!'

　어느 날 오후 사무실 문을 안으로 걸어 잠그고 한쪽 구석에 앉아 무너지는 자신과 씨름했습니다. 희망이나 기쁨이 한 오라기도 남아 있지 않았습니다. 어두운 생각이 저를 지배했습니다. 몸과 마음이 쇠약해지면서 동료와 상사의 기대에 전혀 미치지 못한다는 망상에 시달렸습니다. 저를 ISSC 팀에 자신 있게 추천해 준 처크(Chuck)마저도 실망하고 갈등하는 것 같았습니다.

　참을 수 없는 자포자기에 빠져 상사에게 얘기했습니다.

　"엘렌(Ellen), 난 지금 아무 일도 할 수 없어. 얼마간 쉬면서 건강을 되찾아야겠어."

* * *

　한두 주 쉬던 것이 한두 달을 넘게 되었습니다. 들쑥날쑥 만나던 의사를 일주일에 두세 번씩 만나야 했습니다. 8, 9월이 가고 어느덧 10월도 지나갔습니다. 젊은 꿈과 경력과 앞날에 대한 소망이 모두 무너지는 것 같았습니다. 사는 것이 죽는 것보다 더 힘들게 느껴졌습니다. 숨이 붙어 있다는 것이 저주스러운 시간들, 그래서 죽음을 자주 생각했습니다.

　나을 거라는 소망이 보이지 않는 캄캄한 시간들이었습니다. 어떻게 회복해야 할지 저도 의사도 몰랐습니다. 언젠가 나을 거라는 기대도 다 사라졌습니다. 들숨으로 아픔을 들이마시고 날숨으로 탄식을 내뱉었습니다.

이런 가운데 한 해 반이 넘어서야 성경 읽기를 마칠 수 있었습니다. 어머니가 준 두꺼운 공동번역 성경입니다. 어머니의 변화를 보고 읽기 시작한 성경, 매일 아침 15분 정도 읽기로 했으나 일정하지 않았습니다.

읽을 때마다 하나님께 청했습니다.

'하나님, 하나님이 어떤 분이신지 알기 원합니다. 그리고 이 지긋지긋한 우울증에서 벗어나기 원합니다.'

1993년 6월, 태어나서 처음으로 성경 전체 읽기를 마쳤습니다. 그러나 아무 변화도 일어나지 않았습니다. 어떤 확신이나 희망을 얻지 못했습니다. 이전과 다른 게 있다면 여기저기 밑줄 그으며 성경 전체를 제대로 한 번 읽었다는 점이었습니다.

읽어 가며 하나님 성품이 드러나는 곳에 별표를 달았습니다. 처음엔 중요한 구절에 밑줄 긋는 것으로 시작했습니다. 그러다 어느 때부턴가 예전에 알지 못했던 당신 성품이 나타나면 별표를 하나둘씩 달았습니다. 새롭게 알게 된 하나님 사랑, 그 깊이 높이 넓이 길이에 따라 별 개수가 달라졌습니다. 별 하나는 사랑, 별 둘은 더 깊은 사랑, 별 셋은 매우 깊은 사랑…. 심지어 별 일곱이 달린 구절도 나타났습니다. 섬세하게 우리를 사랑하고 기다리고 이끌고 챙기고 가르치시는 곳곳마다 별표를 새겼습니다.

당신 자녀를 회초리로 책망하실 때 가슴 아파 애통해 하면서도 매를 들지 않을 수 없는 모습, 고아와 과부와 나그네와 가난한 이들이 학대받는 걸 못 견뎌하시는 마음, 끝내는 우리 대신 당신 목숨을 던져 버리시는 사랑과 심판이 하나가 되어 만나는 십자가, 그렇게 섬세하신 하나님 성품에 별표가 여러 개 매겨졌습니다.

그러나 안타깝게도 기대했던 변화와 치유는 일어나지 않았습니다. 믿는 이들에게서 흔히 듣는 기적 같은 일은 없었습니다. 마음이 가벼워지거나 몸이 낫는 변화 그 어떤 것도 일어나지 않았습니다.

그분이 나를 찾으신 건가, 내가 그분을 만난 건가?

담당 의사가 세 번째 바뀌었습니다. 전과 같이 처음 대여섯 주간은 제가 살아온 과정과 현재 심리 상태를 분석합니다. 습관적으로 어두운 생각에 빠지게 되는 이유가 무엇인지 체크합니다.

'우울하니 생각이 어두울 수밖에 없는데 무슨 이유?'

어떻게 다른 이들처럼 밝게 생각할 수 있을까, 몇 주간 상담해도 뾰족한 실마리를 찾지 못합니다. 끝날 때쯤이면 항우울제 약효가 어떤지 물어봅니다. 오랫동안 효과가 없으면 다른 약을 처방합니다. 실험실에 갇힌 모르모트(Marmotte)가 된 기분입니다.

✻ ✻ ✻

1993년 4월 부활절, 아내가 처제 따라 처음으로 교회를 갔습니다. 두 아이도 데리고.

"엄마, 오늘 어디 가?"

"교회."

"그럼 남들처럼 일요일마다 가는 거야?"

"아니, 이모가 부활절이라고 한 번 와보래. 그래서 뭐 하나 그냥 가보는 거야."

"가기 싫은데."

"뭐, 오늘 하루야. 오늘 가서 좋으면 다음 크리스마스 때나 가볼까? 그래 봐야 일 년에 한두 번이야."

이곳에 사는 한국인들은 대부분 교회를 다닙니다. 신앙생활을 다져 가고 싶어서, 동포를 만나고 싶어서, 사업상 이유로, 혹은 친구 따라 강남 가듯…. 그러다가 어느 날 갑자기 하나님을 만납니다.

그날 교회 다녀와서 아내가 말했습니다.

"여보, 나 이제 일요일마다 교회 갈 거야. 성가대에서 노래도 부를 거야."

'교회? 허 참, 그리고 노래는 무슨, 악보를 볼 줄이나 아나? 그렇다고 목소리라도 들어줄 만한가? 가당치도 안타이.'

저는 속으로 중얼거렸습니다.

들떠서 당당하게 얘기하는 아내를 보고 고개를 갸웃했습니다. 하루 가보고 어찌 저리 대단한 결심? 그러나 반대하진 않았습니다. 나중에 아내가 들려준 얘기로는 처음 교회에 가서 성가대를 보는 순간, 어떤 강한 팔에 끌리듯 마음이 거기에 끌렸다고 합니다. 하나님을 기뻐하고 높여야 한다는 마음이 불처럼 일어났답니다. 또한 알 수 없는 병으로 여섯 해 동안 시달리는 저를 생각하고, 하나님께 매달려 살려야겠다는 바람도 함께 생겼답니다.

제 건강을 염려하는 몇몇 분들이 집으로 들르곤 했습니다. 외과 의사인 고길산 님, 몇몇 교회 목사님, 전도사님, 성도님들. 그분들이 기울이는 관심, 기도, 사랑은 참 고마웠습니다. 그러나 그 어떤 노력도 제 병을 고치진 못했습니다.

1993년 7월경, 씨티은행 전산시스템 전환 작업이 성공적으로 끝났습니다. 이제는 일주일이 멀다 하고 뉴욕으로 출장갈 일도, 밤새 마쳐야 하는 급하고 과도한 일도 없었습니다. 그때 혼자서 애 둘을 데리고 교회 다니니까 과부로 오해받는 것 같다고 아내가 투덜댔습니다. 아내에게 약속한 게 있어 어느 일요일 처음으로 교회를 갔습니다.

마지못해 간 교회는 정말이지 가시방석이었습니다. 문화 충격이 여간 아니었습니다. 앉았다 일어섰다 기도하고 찬양하는 절차가 제겐 하나같이 부자연스러웠습니다. 찬양도 그렇습니다. 뭐가 그리

좋다고 손뼉치고 팔춤까지 추는지…. 찬송 가사는 네댓 절까지 불러야 합니다. 한마디로 고문이었습니다. 우울에 시달리던 제겐 그들 기쁨이 오히려 큰 슬픔으로 다가왔습니다.

그들 따라 찬양하고 기도하는 건 상상만 해도 끔찍했습니다. 그래서 입도 손도 꽉 다물고 고개를 떨구었습니다. 모든 절차를 어린 애처럼 고분고분 따라야 하는 것도 부아가 났습니다. 아내와 함께 교회 다니는 게 과부로 오해받기 싫다는 아내 품위를 지켜줄지는 몰라도 제 품위는 말이 아니게 구겨졌습니다. 모든 걸 자기 뜻대로 기호대로 살아온 접니다. 눈에 띄지 않게 붙들고 있던 은밀한 자존심과 우아함을 사정없이 내동댕이치는 예배와 기도, 제 나이 마흔하나에 겪는 당혹스런 경험이었습니다.

* * *

"사일러스, 이번엔 데파코트(Depakote)를 복용해 보도록 해요. 졸로프트(Zoloft)가 별 도움을 주지 않으니."

항우울제 처방이 다시 바뀌었습니다. 우울이 심해지자 의사 필립은 대여섯 가지 약을 한꺼번에 처방합니다. 뇌 화학물질과 정서를 다루는 순수 항우울제 한두 가지에 위와 간을 보호하는 약, 잠을 청하는 약들이 보태졌습니다. 그러나 처방약들이 저를 돕지는 못했습니다. 야윈 얼굴은 점점 더 까맣게 변하고 잠은 더 설쳤습니다. 먹는 것 쉬는 것이 모두 짐스러웠습니다.

남들이 이해할 수 있는 극심한 어려움이나 특별한 사건이 있는 것도 아니었습니다. 평범한 일상이 흘러가는 가운데 예상치 않게 앓게 된 영혼의 암, 이전에 아름답게 보이던 것들은 더 이상 아름답지 않았습니다. 기뻐했던 것들은 더 이상 기쁘지 않았습니다. 일상의 일들이 감당할 수 없는 짐으로 다가왔습니다.

신문이나 TV에 나오는 여러 가지 소식은 영혼의 생채기에 뿌려지는 따가운 소금으로 변했습니다. 전에는 보이지 않던 인간의 경쟁심, 탐욕, 교만을 미세 현미경으로 보는 것 같았습니다. 지금까지 건성으로 지나쳐 온 것들이었습니다. 하지만 이제는 사소한 것들도 독침이 되어 제 영혼을 찔렀습니다. 제 마음 안에 정밀도 높은 렌즈가 덧붙여진 것 같았습니다.

범죄 소식, 자랑거리, 자극적인 내용들이 날카로운 칼이 되어 영혼을 난도질합니다. 예전에 보이지 않던 인간의 거짓, 탐욕, 사악함, 고통들이 커다랗게 확대되었습니다.

이같이 신문과 TV는 판도라 상자로 변했습니다. 수년 동안 마음 편히 볼 수 없었습니다. 소름 끼치도록 괴이하고 두려운 영화를 보는 것 같아서 신문과 TV를 멀리했습니다. 이러한 여러 생각과 느낌들이 제 영혼의 문을 노크도 없이 벌컥벌컥 열고 들어왔습니다. 그들은 강도 떼처럼 모든 것을 다 뒤집어엎었습니다. 제 영혼을 훔쳐갔습니다. 그와 함께 평안, 여유, 감사, 기쁨, 웃음도 사라졌습니다. 이래서 많은 사람이 스스로 목숨을 끊었나 봅니다. 죽고 싶은 절망감, 외로움, 수치심에 내몰렸습니다. 심장과 뼈가 떨렸습니다.

사자(獅子) 수레바퀴

1993년 10월 17일, 죽음 문턱에서 자살을 저울질하고 있을 때 박영기 전도사가 방문했습니다.

"구 선생님, 이건 약으로 해결될 일이 아닌 것 같아요."

"……."

"영혼이 앓는 병입니다. 하나님이 고치셔야 할 것 같습니다."

박영기 전도사는 지난 몇 달간 여러 차례 저희 집을 들른 분입니다. 오늘은 조심스레 그러나 확실하게 자기 생각을 얘기합니다.

'어떻게 저렇게 확신할 수 있지? 지난 여섯 해 동안 별짓을 다해도 낫지 않았는데.'

"하나님께 맡기기로 마음 정하시면 제게 연락주세요. 기도해 드리지요."

전도사가 가고 나서 한참 망설였습니다.

'매일 먹는 약이 이제는 한 주먹이나 돼. 끊어야 하나 말아야 하나? 나는 아직 하나님을 믿지 않아. 도대체 뭘 믿고 약을 끊어야

해? 그러다가 더 악화되어 정신병동에라도 가게 되면?'

생각만 해도 끔찍했습니다. 갈등과 절망감이 영혼을 파고듭니다.

'아이들은 어떻게 되지?' 아내보다도 철없는 아이들이 더 걱정됩니다. 그들에게 평생 수치심, 당혹감, 두려움이 덮일지도 모릅니다.

'저 아이들이 혹시 나중에라도 내가 앓고 있는 병을 겪게 되면 어떡하지? 우리 가정이 저주받은 집안, 암울한 흉가로 변한다면 모든 게 다 내 책임이야!'

"하나님이여 나를 구원하소서
물들이 내 영혼까지 흘러들어왔나이다
내가 설 곳이 없는 깊은 수렁에 빠지며
깊은 물에 들어가니 큰물이 내게 넘치나이다" 시 69:1-2, 개역한글

어두운 생각과 감정이 꼬리에 꼬리를 물고 눈덩이처럼 불어났습니다. 그러나 일어났습니다. 그리고 하나님께 기도드렸습니다.

'하나님, 저는 아무런 믿음도, 이렇다 할 확신도 아직 없습니다. 하지만 절 좀 불쌍히 보아 주세요. 절 고쳐 주세요. 영혼의 병이라 하니, 하나님만이 고칠 수 있다 하니, 이제 항우울제를 먹지 않으려 합니다. 그러니 고쳐 주세요. 이제 제겐 하나님밖에 없습니다. 그 누구에게 그 무엇에게 기댈 수 있겠습니까?'

그날 저녁 볼더를 떠나 덴버에 있는 전도사님 댁에 들렀습니다. 전도사님 내외는 우리와 함께 찬송가를 불렀습니다.

"예수 나를 위하여 십자가를 질 때 세상 죄를 지시고 고초 당하셨네. 예수여 예수여 나의 죄 위하여 보배 피를 흘리니 죄인 받으소서."

전도사님은 제 머리에 손을 얹고 구원을 위해 간절히 기도했습니다. 특별한 느낌은 없었습니다. 확신도 없었습니다. 하나님께서 불쌍한 저를 고쳐 주셨으면 하는 마음뿐이었습니다. 오직 살기 위해 하나님 손을 잡았습니다. 하지만 밤늦게 집으로 돌아오는 길은 평소와 다름없었습니다. 모든 게 잿빛이고 슬퍼 보였습니다. 집으로 돌아와 잠자는 가운데 어떤 꿈을 꾸었습니다. 선명한 꿈이었습니다.

* * *

넓은 들판에서 제가 전차(戰車)를 타고 달립니다. 두 손에 고삐를 바투 잡고 달립니다. 수레바퀴 대신 여러 사자들이 양쪽으로 둥근 바퀴를 이루고 있습니다. 한쪽에 여섯 마리씩, 양쪽으로 열두 마리입니다. 이 사자들이 바퀴가 되어 쏜살같이 내달립니다. 제 머리카락은 맞바람에 실려 어깨 뒤로 휘날립니다.

들판 왼편은 갈대 숲, 오른편으로는 너른 평지입니다. 쏜살같이 달리던 중 무언가 이상한 게 느껴집니다. 두렵습니다. 수레바퀴가 되어 달리는 사자들이 고개 돌려 흘깃흘깃 저를 쳐다봅니다. 한순간에 저를 삼키려는 기운이 감돕니다. 앞으로 달리는 사자들이 한

꺼번에 달려들어 제 몸을 찢을 것 같습니다. 그들을 주목하며 잠시 생각한 후 우두머리로 삼을 만한 사자 머리에 제 오른발을 얹었습니다. 그를 통해 질서를 세우려는 뜻입니다. 그러자 사자들은 다시 온순하게 돌아가 질주합니다. 시위를 떠난 화살처럼 달리던 전차는 한순간 땅을 박차고 떠올라 하늘 위로 날아오르기 시작합니다.

저는 기이한 전차 여행을 맘껏 즐겼습니다.

* * *

'이게 무슨 꿈인가? 내가 아직 모르는 하나님이 주신 꿈인가? 날 삼키려던 사자들은 나를 하늘로 들어올리는 수레바퀴인가? 영혼의 암, 우울증은 나를 하나님에게로 데려가는 전차인가?'

이제껏 느끼지 못하던 기쁨과 자유가 큰 파도처럼 밀려왔습니다. 깨어나니 아직 한밤중, 자정이 조금 넘어 있었습니다. 마음과 느낌이 그지없이 평안하고 가벼워졌습니다. 살아 있다는 게 더없이 고맙고 기뻤습니다.

'지난 여섯 해 동안 사는 게 죽는 것보다 못하지 않았던가? 그런데 이 놀라운 평안과 기쁨은 대체 어디서 오는 걸까?'

서재로 가서 성경을 들었습니다. 왜 그랬는지 모릅니다. 신기하게도 성경말씀이 꿀송이처럼 달았습니다. 급하게 말씀을 펼쳤습니다.

"태초에 하나님이 천지를 창조하시니라 땅이 혼돈하고 공허하며 흑암이 깊음 위에 있고 하나님의 신은 수면에 운행하시니라"창 1:1-2, 개역한글

"내가 진실로 속히 오리라 하시거늘 아멘 주 예수여 오시옵소서 주 예수의 은혜가 모든 자들에게 있을지어다 아멘"계 22:20-21, 개역한글

성경 맨 처음 창세기부터 마지막 요한계시록까지 구절구절 말씀이 틀림없는 진리로서 제 가슴에 다가왔습니다. 가슴에 불 인두가 닿는 느낌이었습니다.

'그래 맞아! 하나님 말씀은 진리야! 하나도 틀림이 없는 진리야!'

모든 의심이 한순간 말끔히 사라졌습니다.

저를 떠나지 않던 '하나님이 과연 계신 건가? 그분이 오늘 여기를 살아가는 나와 무슨 상관인가?'라는 의심이 깨끗이 사라졌습니다.

어떤 논리도, 누구의 설명도 필요 없었습니다. 하나님은 제 영혼 한복판에 당신의 불화살을 연거푸 내리꽂으셨습니다. 사랑과 진리의 화살이 제 가슴에 꽂혔을 때, 땅과 하늘 가운데서 가장 놀랍고 가장 아름다운 분으로부터 그 사랑 아낌없이 받고 있다는 기쁨과 고마움이 가슴에 넘쳤습니다.

바위 병풍 산이 보이는 아이들 공부방에서 엎드렸습니다.

'하나님, 너무너무 고맙습니다. 살아생전 진리가 무엇인지 알게 해주신 것 너무나 고맙습니다. 주님은 주님을 이길 수 없어, 사랑은 사랑을 말릴 수 없어 참혹한 몰골을 한 저를 불쌍히 바라보시고 이렇게 친히 제 눈과 귀를 열어 주시는군요.'

기쁘고 고마워서 눈물이 비 오듯 하였습니다. 방울방울 눈물은 왜 그리 아프고 따가운지 눈알이 튀어나올 것 같았습니다. 지금까지 한시도 한눈팔지 않고 저를 주목해 오신 하나님, 그 사랑을 마흔이 넘어서야 만지고 느끼게 되다니.

'아바 하나님, 하나님 말씀이 꿀송이처럼 달아 이렇게 청합니다. 하나님, 일러주신 말씀 제게 직접 가르쳐 주세요. 친히 풀어서 얘기해 주세요. 하나님이 제 독선생(獨先生) 되어 주세요. 성경을 세 번 읽을 때까지.'

✳ ✳ ✳

저를 친히 만나 주신 하나님이 참으로 고맙고 놀라웠습니다. 저는 곧 미국과 한국에 사는 친지들에게 제가 만난 하나님 사랑을 전하기 시작했습니다. 그분은 평범한 우리 삶 속에 살아 계신 하나님이라고. 국제전화 요금이 다음 달에 퍽 많이 나왔습니다. 장인 장모님부터 시작했습니다. 그리고 형님, 누나, 조카들, 친구들까지.

살아생전 진리를 알게 되면 죽어도 좋다고 얘기한 공자(孔子), "너희는 내가 죽더라도 진리를 찾아 계속 나아가라, 나를 의지하지 말라, 오직 법을 의지하라" 말하며 제자들을 격려한 석가가 한결같이 찾았던 진리가 바로 이것이라고 확신했습니다. 생애 끝자락에 신앙 고백으로 《이교도에서 기독교인으로》(From pagan to Christian)를 남긴 린위탕(임어당 林語堂)이 노년을 맞아 하나님께 돌아오며 인용한 다음 말도 그제야 이해가 되었습니다.

'촛불을 끄십시오. 태양이 떠올랐습니다.'
(Blow out the candles! The sun is up!)

"내가 곧 길이요 진리요 생명이니 나로 말미암지 않고는 아버지께로 올 자가 없느니라" 요 14:6, 개역개정

저는 죄인이지만, 당신이 흘리신 피로 저를 깨끗게 하신 예수님, 죽을 수밖에 없는 저를 살리시기 위해, 저 대신 십자가에 오르셔서 저 대신 죽어 가신 하나님, 그 사랑이 일만 볼트로 제 심장을 건드리자 한순간에 제 옛사람은 잿더미가 된 것 같았습니다. 모든 의심이 사라졌습니다. 따뜻한 젖을 먹이시며 사랑과 진리로 저를 여태껏 이끌어 오신 하나님….

"나는 인정의 끈과 사랑의 띠로 그들을 묶어서 업고 다녔으며, 그들의 목에서 멍에를 벗기고 가슴을 헤쳐 젖을 물렸다" 호 11:4, 표준새번역

말할 수 없는 고마움과 기쁨으로 잠이 오지 않았습니다. 다음날 아침, 하나님은 새 그림을 보여 주셨습니다. 태어나면서부터 저를 품고 길러 오신 하나님 모습을. 기억할 수 없었던 어린 시절부터 지금까지 살아 온 제 삶이 하나하나 떠오르며 모든 게 아름다운 진주 목걸이에 달린 구슬처럼 색색이 서로 다른 사랑을 반짝이고 있었습니다. 흩어졌던 구슬들이 하나님의 줄, 곧 사랑의 줄로 꿰어져 있었습니다.

"…배에서 남으로부터 내게 안겼고 태에서 남으로부터 내게 품기운 너희여 너희가 노년에 이르기까지 내가 그리하겠고 백발이 되기까지 내가 너희를 품을 것이라 내가 지었은즉 안을 것이요 품을 것이요 구하여 내리라 너희가 나를 누구에 비기며 누구와 짝하며 누구와 비교하여 서로 같다 하겠느냐" 사 46:3-5, 개역한글

기쁨과 슬픔도, 평안과 고통도, 승리와 패배도 하나같이 아름답게 빛났습니다. 각기 다른 색깔로. 이 구슬들을 하나로 이어 주는 줄은 바로 하나님 사랑이었습니다. 저는 비로소 만나야 할 분을 만났다는 기쁨, 세상이 알 수 없는 기쁨을 누렸고 제 모든 삶의 문제는 깨끗이 해결되었다고 확신했습니다. 오직 하나님과 깊은 사랑을 나누는 시간만이 남았다고 생각했습니다. 고통 끝, 행복 시작이라는 무지개 꿈에 사로잡혔습니다. 석 달 동안 지속된 허니문이니 그럴 법도 했습니다.

그러나 석 달 후 저는 다시 영혼의 사막으로 사정없이 내몰렸습니다. 그 기간이 여섯 해나 더 이어질 줄 알았다면 처음부터 주님을 받아들일 수 있었을까요? 아무리 허니문이 달콤했더라도, 다시 시작된 여섯 해 우울증은 참혹했습니다.

나중에야 성경에서 보게 되었습니다.

"이는 내 사랑하는 아들이요 내 기뻐하는 자라" 말씀하시며 당신 아들을 높이신 하나님이 예수를 곧장 굶주림과 광야 시험으로 이끄신 것을…. 이집트에서 열 가지 재앙을 일으키신 후 이스라엘 백성을 노예로부터 해방시킨 하나님이 약속의 땅에 이르기 전 광야 40년 동안 그들을 훈련시키신 것을….

저는 앞으로 제 앞에 어떤 길이 펼쳐져 있는지도 모르는 채 그 길로 들어서게 되었습니다. 믿기 전에 제 삶이 제가 원했던 방향과 정반대로 간 것처럼 믿은 후에 이어진 삶도 제가 기대했던 방향과는 전혀 다르게 가고 있었습니다. 신앙의 처음을 신앙의 끝으로 생각했습니다. 제가 죽지 않고는 그리스도가 살 수 없는 신앙의 긴 여정, 그리고 그 죽음이 얼마나 고통스럽고 수치스러울지 전혀 몰랐습니다.

왜 저에게 우울증이라는 고통을 주셨는지 하나님께 물었습니다.
(L: 하나님, S: 나)

S: 아바 하나님, 가슴 아프지 않으셨어요? 여러 해 동안 제가 죽음만 생각
했을 때?

L: 배에서 나면서부터 너는 내게 안겼다. 태에서 나면서부터 나는 너를 품
었다. 너를 지켜보는 내 마음이 어땠을지 짐작할 수 있지 않느냐?

S: 우울을 앓기 시작한 1987년에 하나님 만났더라면 여태껏 겪어 온 엄청
난 아픔도 없었을 거예요. 이 암 덩어리가 영혼에 퍼질 때 얼마나 견디
기 힘든지 잘 아시잖아요.

L: 네가 미국으로 처음 건너와 내 품에 안겨 기쁜 나날을 보낼 때 평안에
이르는 법을 알았더라면 좋았을 것을. 그때는 그것이 네게 가려져 있
었다.

S: 왜 그걸 제대로 알지 못했을까요?

L: 너는 스스로 선과 악을 판단하려 했다. 그러나 네가 알고 있는 선악은
기대와는 달리 오히려 네게 외로움, 두려움, 부끄러움이라는 고통을 쉬
지 않고 안겨 주었다. 그래도 네 청동 이마와 놋 가슴은 그 아픔을 인정
하지 않았다. 더 배우고 더 노력하고 더 선하게 살려고 시지프스처럼
무거운 돌을 다시 언덕 위로 끌어올렸다.

네가 거짓 이론과 생각에 사로잡혀 내게 나아오지 않을 때 나는 너를 주목하며 고민했다. 앞으로 져야 할 무거운 짐과 멍에를 이 아이가 어떻게 견딜 수 있을까? 거짓을 거짓으로 보여 주고 싶었다. 네 아비인 나를 알리고 싶었다. 네가 앓았던 혹독한 우울증은 거짓의 성채를 부수고 내 품으로 너를 끌어당긴 밧줄이었다.

나는 억지로 네 뜻을 굽히거나 조종하는 아비가 아니다. 그래서 내 뜻과 생각을 강요한 적이 없다. 참사랑은 그럴 수 없다. 다만 나는 나를 드러낼 뿐, 그리고 조용히 가르칠 뿐 선택은 오직 네게 달렸다. 너는 나의 뜻 아니면 세상의 뜻 중에 하나를 선택해야 한다.

그러나 이 사랑을 이루기 위해 너와 내가 치러야 할 대가는 아주 크다. 지음을 받은 사람의 뜻을 꺾지 않고 존중하는 가운데 네가 겪을 아픔과 내가 받을 상처는 너무나 크다. 나는 너에게 거절당할 위험을, 너는 원수에게 목숨을 빼앗길 위험을 안고 있다. 참사랑을 심고 키워 가는 건 이렇게 목숨을 건 모험이다.

아담과 하와가 자기 소견에 따라 선악과를 따 먹은 것은 그들의 선택이고 자유였다. 그것이 가져올 엄청난 수치심, 두려움, 외로움을 그들이 알았더라면 어땠을까? 인간의 자유의지를 꺾지 않는 나의 대가는 구세주가 십자가에 달려 물과 피를 온전히 쏟아야 할 만큼 컸다.

또한 너희는 너희대로 나를 참 아버지로 받아들일 때까지 깊은 외로움, 두려움, 수치심을 안고 살아가야 했다. 너희 마음에 악이 가득하여 평생에 미친 마음을 품다가 병들어 무덤으로 돌아가야 할 만큼···. 그러나 나는 결코 네 자유를 굽히거나 넘어서지 않을 것이다. 아무리 참기 어렵고 아무리 오래 걸려도 그 경계선을 넘을 수 없다.

이는 너와 나 사이에 진정한 사랑을 키우기 위해서다. 네가 이윽고 나를 이해하고 기뻐하며 날 사모하는 신부(新婦)로서 내게 다가오는 날을 나는 기다린다. 오직 하나뿐인 사랑으로 나를 껴안는 그날까지 네 뜻과 네 생각을 존중하며 어떤 값을 치러서라도 기다린다.

에덴에서 쫓겨날 때, 네 영혼 깊숙이 숨어 있는 수치심, 두려움, 외로움이 한시라도 아프게 건드려질세라 나는 너에게 가죽 옷을 지어 입혔다. 그러나 네 아픔과 불행을 가려줄 가죽 옷을 네 원수가 찢어 버릴 날이 온다. 나를 떠난 후 네 마음 깊이 새겨진 상처를 감싸 준 보호막이지만 그때엔 찢기는 진통을 겪을 수밖에 없다.

내가 오직 약속할 수 있는 것은 내가 너와 함께 그 길을 걷는 것이다. 그리고 영혼의 암을 째어 내고 네 마음을 튼튼히 기워 주는 것이다. 너를 바로 구해 내려 내 팔을 뻗고 싶을 때가 너무나 많았지만 때로는 참아야 했다. 큰 사랑 이루기 위해 작은 사랑 접어야 했다. 오직 절제된 사랑으로 너를 가르치고 훈련해야 했다.

네가 겪는 고통을 바라보는 내 마음이 아무리 괴로울지라도 내 팔을 아껴야 했고, 네 스스로 몸부림치며 내게 달려오기를 침묵하며 기다려야 했다. 그때가 바로 네 영혼의 보호막이 찢기고 갈라져서 네가 몸부림치는 때였다. 그걸 바라보는 내 가슴이 얼마나 아픈지 눈곱만큼이라도 상상할 수 있을까?

S: 하나님, 여섯 해가 지났어요. 견디기 힘들게 아팠어요. 무엇을 바라셨
어요?

L: 너를 만날 수 있는 다른 방법이 없었다. 그래서 나는 너를 황무지에서,
짐승이 부르짖는 광야에서 만났다. 호위하고 보호하며 내 눈동자같이
너를 지켰다.

아기 독수리 훈련시키는 어미처럼 어느 날 나는 네 보금자리를 사납
게 헐었다. 둥지 위를 어지럽게 날며 너를 위협했다. 내게 버림받고 쫓
겨난 느낌으로 너는 두려워 떨며 퍼덕거리다가 절벽 아래로 떨어졌다.

네가 땅바닥을 치기 전, 나는 급히 아래로 날아가 내 날개를 펴서 너
를 받았다. 떨어지며 비명 지르는 너를 업고 하늘로 다시 높이 날아올
랐다. 내가 홀로 너를 이끌었다. 함께한 다른 신은 없었다.

며칠 전 꿈을 통해 네게 보여 준 사자 바퀴는 너를 내게로 이끈 고통
의 전차요 수레바퀴였다. 너는 곧장 사지(死地)로 내몰렸다고 비명을 질
렀다. 그러나 나는 사자 전차에 너를 태워 하늘 위로 오르게 했다.

S: 고마워요, 하나님. 지금이라도 저를 만나 주셔서.

L: 나는 너를 늘 주목하며 네 곁에 있다. 네 앞과 뒤와 좌우에 있다. 앞으로
도 언제나 그럴 것이다. 한 가지 생각할 게 있다. 과연 내가 너를 찾아간
것이냐, 네가 나를 비로소 알아본 것이냐? 잘 헤아려 보아라. 한눈팔거
나 감아 버린 눈으로는 내가 보이지 않는다. 그러나 널 사모하고 사랑

하는 나는 한순간도 네게서 눈을 뗀 적이 없다.

인유야, 내 사랑! 내 자랑! 내 기쁨아! 나는 네 아름다움을 늘 주목한다. 네 안에서 자라날 그리스도의 모습을 주목한다. 지금은 네 모습이 추악하고 연약하고 많이 상해 있지만, 예수의 신부로 바뀐 네 손을 내가 하늘에서 다시 잡는 날, 지나간 네 모습은 안개처럼 사라질 것이다.

네 실체를, 영원한 세월 동안 내가 보게 될 그리스도의 모습을, 네 아름다운 얼굴을 나는 늘 주목해 왔다. 나는 너에게 내 믿음과 소망과 사랑을 걸어두었다.

인유야, 이제 알겠느냐? 사랑은 목숨을 건 위험한 모험이다. 나는 십자가에서 이를 보여 주었다. 사랑과 심판이 기이하게 만나는 그 지점에서 나는 너를 되샀다. 이제 너를 이 사랑의 모험으로 부른다. 여기서 너는 많은 환난과 수모를 당할 것이다. 그러나 담대하라. 네 안에 살아 있는 예수가 이미 세상을 이겼다.

등불을 꺼라! 태양이 떠올랐다!

1993년 10월 하나님을 알게 된 후 1년쯤 지나 거친 광야에서 만난 하나님을 글로써 증거할 기회가 있었습니다. 다음은 그 일부로 제가 걸어 온 먼 우회로를 얘기한 내용입니다.

＊ ＊ ＊

하나님이 제 중심에 계시지 않은 모든 아름다움과 지혜가 얼마나 허무하며, 인본주의, 곧 휴머니즘이라는 덫은 얼마나 유혹적인가를 여섯 해 동안 앓으며 조금씩 알게 되었습니다.

"또 말하되 자, 성과 대를 쌓아 대 꼭대기를 하늘에 닿게 하여 우리 이름을 내고 온 지면에 흩어짐을 면하자 하였더니" 창 11:4, 개역한글

우리가 쌓아 올리는 인본주의 바벨탑, 시작은 화려하나 끝은 허무한 어둠이었습니다. 신기루였습니다. 왜 그토록 긴 우회로를 거쳐 왔을까?

원인은 나 중심, 집착, 이기심 때문이었습니다. 인본주의는 이 숨겨진 악을 잘 포장해 주었습니다. 자비와 양선과 삶의 지혜와 번쩍이는 지성을 찾을 것 같았습니다. 인(仁)과 지(知)와 덕(德), 깨달음과 해탈을 얻고 제가 더 화려하고 우쭐해지는 것 같았습니다.

하나님 말씀으로 표현하자면, 스스로 높아지고 스스로 주인 되어, 멸망의 바벨탑을 쌓으려고 벽돌을 굽고 역청을 바르고 있었습니다. 하나님을 떠난 제 현주소를 몰랐습니다. 그래서인지 성경은 유치해 보였습니다. 주님의 구원은 번쩍이는 논리도 없고 때론 엉뚱하고 이해하기 어려웠습니다.

그러나 초대 그리스도인들을 죽일 듯이 잡으러 다니다가 한낮에 주님을 만난 후 정반대로 돌아선 사도 바울은 세상 지혜와 주님의 진리에 대해 이렇게 말했습니다.

"십자가의 도가 멸망하는 자들에게는 미련한 것이요 구원을 얻는 우리에게는 하나님의 능력이라" 고전 1:18, 개역한글

"우리는 십자가에 못박힌 그리스도를 전하니 유대인에게는 거리끼는 것이요 이방인에게는 미련한 것이로되" 고전 1:23, 개역한글

바울은 산헤드린(Sanhedrin), 곧 지금의 상원의원과 같았고, 율법학자들이 인정하는 열성 지성인이 아니었습니까? 유대 전통뿐 아니라 그리스, 로마, 소아시아의 다양한 세상 철학과 신비사상에 해박했습니다. 그러던 그가 이 모든 걸 유치한 학문, 곧 똥오줌으로 여긴다고 고백했습니다.

어떻게 이럴 수 있습니까? 왜 우리 눈에는 미련하게 보이는 예수의 십자가가 화려하고 이지적인 세상 종교와 철학을 오물 덩어리로

밀어 낼 수 있습니까?

> "여자가 그 나무를 본즉 먹음직도 하고 보암직도 하고 지혜롭게 할
> 만큼 탐스럽기도 한 나무인지라" 창 3:6, 개역개정

세상 철학과 종교와 인본주의의 실제 모습, 그것은 먹음직스럽습
니다. 하나님의 명령을 뒤로 제쳐놓은 채 우리의 이상을 가득 채워
줄 것 같았습니다. 화려하고 아름답고 지혜롭고 순결해 보였습니
다. 하지만 하나님의 사랑과 진리를 떠난 지혜, 지성, 사유는 우리를
죽음의 길로 이끄는 사탄의 유혹이었습니다.

피 묻은 손으로 뺏어 입은 맥베스(Macbeth)왕의 옷이 자기에게 걸
맞지 않은 것같이, 하나님의 절대 지혜와 선악을 우리 자신의 지성
과 사유와 선악 기준으로 바꾸려는 것은 우리 밑천을 모르는 헛된
일이었습니다. 피조물인 우리가 스스로 선악을 판단하는 것은 우리
가 걸쳐 입기엔 어울리지 않는 창조주의 옷이었습니다.

> "우리가 육체에 있어 행하나 육체대로 싸우지 아니하노니 우리의
> 싸우는 병기는 육체에 속한 것이 아니요 오직 하나님 앞에서 견고
> 한 진을 파하는 강력이라 모든 이론을 파하며 하나님 아는 것을 대
> 적하여 높아진 것을 다 파하고 모든 생각을 사로잡아 그리스도에게
> 복종케 하니" 고후 10:3-5, 개역한글

하나님이 우리에게 주신 지성과 사유와 이론이 어찌 스스로 악하겠습니까? 하나님이 에덴 한가운데 두신 선악을 알게 하는 나무 자체가 어찌 우리가 지은 죄의 원인이 되겠습니까? 그러나 우리가 체험적으로 알듯이 에덴에서 인간이 하나님처럼 되려고 스스로 택한 선악 기준은 우리를 죽음으로 몰아가는 독즙이었습니다. 그때나 지금이나 변함없이 부패하고 사악한 인류 역사를 돌아볼 때 어떻게 우리 각자가 주장하는 자기중심적 가치관이 서로 옳다고 외칠 수 있겠습니까?

> "만물보다 거짓되고 심히 부패한 것은 마음이라 누가 능히 이를 알리요마는"렘 17:9, 개역한글

예수님은 "내가 곧 길이요 진리요 생명이니"라고 하셨습니다. 이것은 제 믿음의 첫 의문이자 닻이 되었습니다. 세상 철학과 종교를 이 말씀에서 다시 생각해 보았습니다. 어떤 것은 길을 보여 주는 듯했고, 어떤 것은 부분적이나마 길과 진리를 비추는 듯했습니다. 그러나 한결같이 그들이 입다문 것은 '생명'이었습니다.

사탄은 이 부분적 길과 진리가 삶의 최종 목적지인 것처럼 속였습니다. 하늘나라에서 누릴 영원한 생명, 그리고 지금 여기서 하나님과 함께 누리고 나눌 수 있는 하나님 크기의 사랑과 평안과 기쁨은 빠져 있었습니다.

불교의 법구경(法句經)과 노자의 도덕경(道德經)에 깊이 매혹된 적이 있었습니다. 그것은 분명 길과 진리를 부분적으로 담고 있습니다. 그러나 처음부터 살인한 자, 거짓의 아비인 사탄은 이 부분적길과 진리로 저를 혼란스럽게 하였습니다. 사탄은 존경할 만한 성인들의 뜻과는 상관없이 그들을 신격화하고, 주님의 구원으로 주어진 참 생명을 감추어 버렸습니다.

석가는 한 번도 자신을 경배의 대상이나 신이라고 말하지 않았습니다. 그는 자신을 두고 "여래(如來)는 다만 길을 가리킬 뿐이오"라고 하였습니다. 그는 구도자였습니다. 자신의 한계와 사탄의 권세 아래 놓인 인생의 비참한 모습을 자비롭고 솔직하게 설파했습니다. 세상을 떠날 때 그는 제자들에게 일렀습니다.
"나를 의지하지 말라! 남도 의지하지 말라! 오직 깨달은 법을 의지하고 쉬지 말고 정진하라!"

그러나 사탄의 계교는 무엇입니까? 구도자 석가의 형상을 우상으로 만들어 섬기게 하고 순수하게 시작된 초대교회에 세속적인 뿔, 곧 세상 권세를 끊임없이 세웠습니다. 생명의 길이 아닌 죽음의 계곡으로 인류를 끌고 가는 살인마이며 거짓의 아비인 사탄의 정체가 여기서 드러납니다.
그렇다고 세상 철학과 종교가 무익합니까? 아닙니다. 대부분 유익한 이정표입니다. 그러나 목적지는 아닙니다. 문제는 그 이정표를 목적지로, 새 예루살렘 도성으로, 경배해야 할 신으로 거짓 포장하는 사탄의 속임수입니다.

세상 종교와 철학을 좇다가 기대했던 걸 얻지 못하고 막다른 곳에서 헤매며 어디로 가야 할지 모를 때가 자주 있었습니다. 부분적 길과 진리를 담은 세상 종교와 철학, 제 삶에 뜨겁게 쏟아지는 재난과 고난, 진리를 찾아 걸어간 동반자들의 여정, 그 모든 이정표가 가리키고 있는 최종 목적지는 하나님이 준비하신 새 하늘과 새 땅이었습니다. 신앙의 최종목표는 오늘 여기서 하나님과 이웃들과 함께 누릴 수 있는 놀라운 사랑·기쁨·평안·자비·양선·충성·온유·절제였습니다.

린위탕이 노년에 주님께로 돌아서는 것을 처음엔 이해하기 어려웠습니다. 그가 쓴 주옥같은 글을 좋아했습니다. 20세기 동양 고전 같았습니다. 그런데 '웬 망령이 나서서 기독교로 개종하셨나?'라고 생각한 때가 1991년이었습니다. 가까이 지내던 기독교인 친구가 그 사람의 개종을 얘기했을 때 저는 말했습니다.

"그거 참, 그분도 별 수 없는 약골이신가? 진리의 구도자가 그런 유치한 구원에 말년을 맡기다니. 이편에서 저편으로 자신이 혼자 헤엄쳐 가야지, 왜 배를 타려고 해? 어디로 가는지 알지도 못하면서…."

얼마나 주제넘고 오만한 말이었는지, 지금 생각하면 얼굴이 화끈

거럽니다. 그러면서 저는 법구경의 글을 되새겼습니다.

'이 강변을 넘어, 강 너머 먼 언덕을 넘어, 초월의 경계까지 넘은 곳, 끝도 없고 시작도 없는 그곳으로…. 가라! 두려워 말고!'

린위탕은 '먼 우회로가 시작되다'라는 장에서 자신이 거쳐 온 동양의 여러 신비사상과 철학을 자세히 얘기합니다. 그러나 마지막 장, 곧 생애 마지막 장이기도 한 말년의 제목은 '장엄한 빛'입니다. 그 장은 한 은둔자의 말을 인용하여 시작합니다.

'모든 등불을 꺼라! 태양이 떠올랐다!'

린위탕은 말년에 만난 예수님에게서 태양과 같은 빛과 진리와 생명을 보았습니다. 부분적 등불밖에 안 되는 세상 종교와 철학은 이제 꺼도 된다는 것이지요. 하나님을 만나고 나서야 저는 이 말에 전적으로 공감할 수 있었습니다.

목자 없는 양 떼인 우리를 사랑으로 굽어보시는 하나님은 지극히 간단하고 쉽게 "나는 살아있는 너희 하나님 여호와라!"라고 여러 차례 여러 모양으로 말씀하셨습니다. 거기에 더해 우리에게 주신 첫 계명은 우상을 섬기지 말라는 것이었습니다.

"너희는 내 앞에서 다른 신을 모시지 못한다" 출 20:3, 공동번역

"주 너희의 하나님은 삼키는 불이시며, 질투하는 하나님이시다" 신 4:24, 표준새번역

저는 바로 이 명령에 걸려 넘어졌습니다.

'하나님이 뭐가 아쉽고 답답해서 이런 명령을 맨 첫자리에 올려 놓으실까? 게다가 질투까지 하시는 하나님?'

어린 나이에 짧은 생각과 판단으로 해석한 하나님의 조각난 말씀은 이토록 위험천만한 오해를 불러왔습니다. 저는 성경을 하나님 뜻으로 읽지 않고 철없는 소견으로 하나님을 멀리했습니다. 제 밑천, 죄악과 죽음의 노예 된 저의 처지를 모르고 성경을 보았습니다.

그러면서도 성경 속에 담긴 놀라운 하나님 사랑과 지혜, 예수님과 제자들 삶에 드러난 아름다운 이야기는 그냥 지나칠 수 없었습니다. 하나님에 대한 저의 애증과 긴장은 이렇게 모순된 태도로 나타났습니다.

그 결과는 40여 년의 긴 방황과 고통이었습니다. 아무리 제 머리가 돌덩이 같아도 이건 좀 지나치게 길고 값비싼 여행이었습니다. 그러나 늦은 지금이라도 하나님을 만나 주님을 저의 구세주로 받아들이고 여러분과 한 가족이 된 게 너무나 기쁘고 감사합니다. 주님의 크나큰 사랑과 은혜에 감사드립니다.

4. 사실을 이긴 진리

벌레 먹지 않은
가을 옷 입고 싶었어요
흠 없는 빨강 저고리 노랑 치맛단으로

가슴 뚫리지 않은 채
나뭇가지 떠나고 싶었어요
티 없는 기쁨과 사랑만 남겨둔 채

그게 제 꿈이었어요
지난봄 벚꽃 소나기, 하늘 위 은하수로 솟구쳐 올리며,
당신을 이 땅에서 하늘나라로 곧장 이끌어 가던 꿈

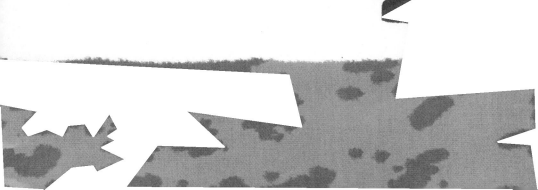

그러나 지금 제 모습 어때요?
얼마 못 가 마른 가지에서 떨어져 나갈 이 모습

어디 하나 성한 곳 없는 저를 보는 당신 마음은요?
맞아요, 당신은 지금 제 부서진 꿈 보고 있어요

누가 나를 하늘 꽃이라 불러 주겠어요?
누가 나를 이쁘다고 보아 주겠어요?

하나님께 많이 많이 투덜댔어요
아니 아니 악쓰고 떼쓰고 소리쳤어요

어떻게 이럴 수 있으시냐고,
제 꿈은 산산이 부서졌다고

"이루지 못한 큰 사랑, 네 가슴 파랗게 멍들고
응답 없는 여러 기도, 네 영혼 숭숭 구멍 날 때
비로소 너는 누구며 나는 또 누구인지 생각해 보았느냐?

네 흉한 모습 보고 흙으로 가야 할 네 밑천을
벌레 먹힌 네 몸 보고서야 지난봄 벚꽃 무리가 한바탕 안개인 걸
비로소 네가 깊이 생각지 않았더냐!

그제야 너는 내게 달려왔다 알몸으로 너는 내게 달려왔다
변함 없고 다함 없는 사랑과 아름다움,
오직 이를 목말라 하며

네가 깨어질 때 네 안의 내 빛 드러난다
네 꿈이 부서질 때 널 향한 내 꿈 일어선다
그제야 깨어진 질그릇 안에 감추어진 네 보화가 드러난다

구멍 난 네 가슴, 부서진 꿈 틈새로
내 빛과 내 사랑이 네 영혼과 이웃을 파고든다

깨어지고 낮아지고 부드러워진 네 모습,
누가 뭐래도 내겐 더할 수 없이 아름다운 모습이다"

2008년 12월, 〈부서진 꿈〉

사울왕과 버림받은 자

1993년 10월 17일, 그날 밤 놀랍고도 아름답기 그지없으신 하나님을 만났습니다. 그분이 저를 이윽고 만나 주신 건지, 아니면 늘 곁에 계셨던 하나님을 비로소 제가 알아본 건지는 모르겠지만 가슴과 가슴으로 만난 건 사실입니다.

주위에 있는 모든 게 달라 보였습니다. 아침에 떠오르는 해가 붉은 바위 병풍을 더 짙게 물들이고, 저녁에 찾아오는 달이 푸른 하늘 아래 겨울 눈밭 위로 금빛을 던졌습니다. 이 모든 아름다움이 우리를 향한 당신의 사랑을 외치고 있었습니다. 지음받은 모든 세계를 통해 그 사랑을 보여 주고 있었습니다.

저는 그 놀라운 사랑을 고마워하고 기뻐하고 노래했습니다. 몸과 마음이 날아갈 듯 가벼웠습니다. 병은 완전히 고쳐졌고 하나님과 이웃과 함께 남은 세월 동안 더없이 기쁘고 즐겁게 살아가게 되었다고 믿었습니다.

한동안 가지 못했던 스키장을 다시 들렀습니다. 콜로라도 절경이 한곳에 모인 곳입니다. 밤새 폭설이 내린 다음 날 또는 주말을 엘도라(Eldora), 키스톤(Keystone), 코퍼산(Copper Mountain) 등의 스키장에서 주로 보냈습니다. 살아 있다는 게 그렇게 고맙고 기쁠 수 없었습니다.

하지만 밀월여행은 오래가지 않았습니다. 하나님을 만나고 나서 석 달쯤 지난 후 깨끗이 나았다고 믿었던 우울증이 서서히 고개를 들기 시작했습니다. 우울증은 거센 파도처럼 계속해서 몰려왔습니다. 온몸에 기운이 사라지고 마음은 어둡고 무거운 생각으로 짓눌렸습니다.

'뭐야? 내가 잠시 해까닥한 거야? 하나님이 참으로 계신다면 이럴 순 없어! 석 달 전 하나님이 모든 병과 아픔을 고쳐 주었다고 자신 있게 얘기했을 때 의사 필립 입가에 엷은 웃음이 지나갔지. 그래, 그는 날 비웃었어. 있지도 않은 하나님을 증거하는 날 비웃은 거야. 이 얼마나 창피스런 일이야?'

바람 앞의 등불처럼 제 믿음은 꺼질 듯 흔들렸습니다.

'하나님이 과연 살아 계신가? 내 아픔을 조금이라도 알기나 하실까? 그분은 과연 나와 상관이 있기라도 한 건가? 남들은 저렇게 병 고침 받고 기뻐하는데 난 뭐야? 사울왕을 봐! 하나님이 미워하시는 자는 저렇게 죽을 때까지 내치시잖아! 혹시 나도 그렇게 되는 거 아냐? 그래, 틀림없어! 나는 버림받은 사람이야. 이렇게 괴로움 당하다가 끝내는 비참한 죽음을 맞겠지.'

이런 생각에 사로잡히자 제 영혼과 뼈가 떨렸습니다.

"사울에게서는 주의 영이 떠났고, 그 대신에 주께서 보내신 악한 영이 사울을 괴롭혔다. 신하들이 사울에게 아뢰었다. '임금님, 하나님이 보내신 악한 영이 지금 임금님을 괴롭히고 있습니다'"삼상 16:14-15, 표준새번역

101

사울왕과 다름없이 하나님께 버림받았다는 두려움을 떨치기 어려웠습니다.

'차라리 하나님을 몰랐더라면. 그러나 스스로 목숨 끊게 되면 이젠 영원히 지옥에 떨어질 텐데. 그럼에도 끈질기게 목숨이 붙어 있다는 게 얼마나 견디기 힘든가!'

견딜 수 없는 아픔과 두려움이 뒤섞여 앞으로도 뒤로도 갈 수 없었습니다.

거짓을 이긴 말씀, 사실을 이긴 말씀

바람 앞의 호롱불처럼 제 영혼은 다시 몸서리쳤습니다. 하나님에 대한 믿음이 뿌리서부터 송두리째 흔들렸습니다. 잠자기가 두려웠습니다. 그곳은 다시 고문의 형틀로 변했습니다. 의식이 희미하게나마 움직이는 낮 동안은 견딜 만했습니다. 어두운 거짓말이 계속 저를 덮치지만 주님 말씀을 억지로라도 붙들 수 있기 때문입니다. 그 말씀이 위안을 주든 못 주든….

그러나 의식이 잠자고 무의식이 제멋대로 날뛰는 비몽사몽이면 어두운 세력은 사정없이 제 영혼을 내리쳤습니다. 꼼짝 못하게 저를 묶어 놓고 어둡고 무서운 저주를 퍼부었습니다.

"잠자리에라도 들면 편해지겠지, 깊이 잠이라도 들면 고통이 덜하 겠지 하고 생각합니다만, 주께서는 악몽으로 나를 놀라게 하시고, 무서운 환상으로 저를 떨게 하십니다. 차라리 숨이라도 막혀 버리 면 좋겠습니다. 뼈만 앙상하게 살아 있기보다는, 차라리 죽는 것이 낫겠습니다" 욥 7:13-15, 표준새번역

사소한 일상 문제들은 해결할 수 없는 난제로 바뀝니다. 당장 일 어나 급하게 처리해야 할 일들이 수없이 일어납니다. '초긴급'이라 는 빨간 표시가 어지럽게 깜박입니다. 그러나 제 영육은 손끝 하 나 움직일 힘이 없습니다. 철저한 무력감은 염려와 불안으로 변합 니다.

마귀는 놀랍도록 영리합니다. 깨어 있을 땐 아무 문제가 안 될 일 들을 밤중에는 대단한 근심거리로 바꾸어 놓습니다. 전혀 생각하지 못한 불길한 내용도 더해집니다. 중죄인을 사정없이 내리치듯 염 려, 불안, 근심의 돌덩이를 무수히 던집니다. 그 돌들이 저를 칠 때 마다 이런 외침이 들립니다.

'넌 가망 없어. 네 인생은 끝장났어. 넌 무능해. 돌이킬 수 없는 패 배자야. 넌 역겨워. 이런 네게 무슨 믿음이고 구원이야. 아무도 널 반기지 않아. 넌 안팎으로 보기 흉한 사람이야!'

영혼은 참담하게 무너지고 깨어집니다. 감당하기 어려운 돌무지 에 깔려 신음하며 죽어갑니다.

영원히 사라진 것 같았던 우울과의 씨름은 이렇게 다시 시작되었습니다. 뜬눈으로 밤을 새우고 아침엔 침상에서 일어날 수 없습니다. 마음은 천근만근입니다. 그래도 억지로 일어납니다. 이럴 때 낮 동안 그대로 누워 있으면 마음은 더욱 찢기고 몸은 마비됩니다. 얼굴은 검게 타고 심장은 급하게 뜁니다. 참패가 불 보듯 뻔합니다. 그래서 억지로라도 일어납니다.

불안한 마음을 진정하려고 찬송가를 펴서 부릅니다. 이를 비웃듯 어두운 세력은 거칠게 저를 붙잡습니다. 더 비참해집니다. 쫓기듯 뛰쳐나와 부근 공원에 들릅니다. 밝은 대낮인데도 악몽 속을 걷는 것 같습니다. 새까만 밤과 다르지 않습니다.

다시 방에 들어섭니다. 지하실로 내려갑니다. 애써 무릎 꿇고 주님을 부릅니다. 캄캄한 동굴 벽을 마주한 느낌, 눈을 떠보니 배고픈 사자가 제 앞에 떡 버티고 서 있는 듯합니다. 날 찢어 삼키려는 사자 앞에서, 보이지 않는 주님께 무릎 꿇었습니다. 기도할 마음 전혀 없고 사면을 둘러보아도 주님은 멀리 멀리 떠나신 것 같습니다. 어두운 세력이 주문처럼 쏟아놓는 불길한 언어들, 절망감, 열등감, 부끄러움을 마구 휘젓는 여러 거짓말에 숨이 막힙니다.

통곡해도 시원치 않을 텐데 울 수조차 없습니다. 감정은 이미 메말랐습니다. '주님은 어디 계신가?' 불안과 의심이 머리끝까지 차오릅니다. 한참 동안 아무것도 생각나지 않고 아무 말도 나오지 않습니다.

통곡하고 싶지만 전혀 그럴 수 없습니다. 절망의 끝, 영혼이 마비될 땐 슬픔도 느낄 수 없습니다. 마음 같아선 성경을 북북 찢어 버리고 무덤가 귀신들린 사람처럼 제 몸을 돌로 치고 싶었습니다. 제게 주어진 생명이, 그리고 이 삶이 너무나 저주스러웠습니다.

그런데 얼마 후 주님이 이렇게 속삭이는 것 같았습니다.

"인유야! 내가 널 무릎 꿇렸다. 네가 안간힘 쓰면서도 꿈쩍하지 못할 땐 내가 나선다."

눈멀고 귀먹고 영혼이 마비되어 하나님 얼굴 못 보고 그 음성 못 듣고 당신 팔 붙잡지 못하는 바로 이 순간, 절망의 사자 굴에서 제 영육이 사자 아가리에 삼켜진 바 되었어도, 저의 처절한 절망과는 정반대로 하나님은 무릎 꿇은 저를 당신 품에 안고 계셨습니다. 이것이 가슴으로 느껴지기 시작했습니다.

이 지경에 무슨 힘이 있고, 의욕이 있고, 믿음이 있을까! 몸이 초주검이 되었을 땐 부르짖을 힘이라도 남아 있겠지만, 영혼의 초주검은 부르짖어야 할 힘과 이유를 다 빼앗아갑니다. 철저히 마비됩니다. 이러한 때에 무릎 꿇을 수 있는 힘과 의지는 어디서 왔을까?

"아바 하나님, 고맙습니다. 이렇게 무릎 꿇려 주셔서요. 어떤 것도 기억나지 않습니다. 생각나지 않습니다. 가슴에 담아 두었던 당신 말씀, 그 어느 것도 기억해 낼 수 없습니다. 무얼 기도해야 할지 모르겠습니다. 그저 멍할 뿐입니다. 생각도 말문도 느낌도 모두 멈췄습니다. 마음도 바위처럼 굳었습니다.

하지만 고맙습니다. 하나님 앞에 이렇게 무릎 꿇려 주셔서요. 제 앞에 서신 분이 저를 삼키려는 사자가 아니라 오직 저를 당신 품에 안고 계신 하나님임을 볼 수 있습니다. 지금 하나님 위로를 느낄 수 없고 하나님 힘을 받을 수 없어도 제가 아버지 발 앞에 엎드릴 수 있다는 단 한 가지 사실, 이것으로 됐습니다. 넉넉합니다. 고마워요, 고마워요, 고마워요, 아바 하나님!"

여러 날 동안 주님 만나지 못한 가운데 제 목소리는 이미 깨어져 있었습니다. 설명할 수 없는 아픔과 절망감에 의식도 닫혔습니다. 영혼과 육신은 마비되었고 시간은 정지된 것 같았습니다. 얼마간 시간이 지나고 이 기막힌 아픔에 눈물이 한 방울 두 방울 떨어졌습니다. 메마른 영혼을 적시는 단비일까요? 눈물이 흐른다는 것만으로도 얼마나 고마운지!

이제 하나님이 성큼 제 곁으로 다가서는 걸 바라보게 되었습니다. 당신의 만지심이 점점 가슴을 파고듭니다. 얼마간 시간이 지났습니다. "고마워요"라는 말 외에는 다른 어떤 말도 생각나지 않습니다. 의식과 기억을 다 빼앗겼기 때문입니다.

얼마 후, 눈물은 통곡으로 변했습니다. 캄캄한 암흑 속에 덮여 버린 의식의 수면 위로 하나님 말씀이 하나 떠올랐습니다. 하나님은 이 말씀을 단단히 쥐어 주셨습니다. 원수의 거짓말에 휘둘려 낮과 밤을 분간할 수 없던 제게 어둠의 정체를 분명하게 밝히시는 말씀입니다.

> "…저는 처음부터 살인한 자요 진리가 그 속에 없으므로 진리에 서지 못하고 거짓을 말할 때마다 제 것으로 말하나니 이는 저가 거짓말장이요 거짓의 아비가 되었음이니라" 요 8:44, 개역한글

하나님은 다시 풀어서 말씀해 주셨습니다.

> "그들이 쓰는 무기는 사실이라는 거짓말들이다. 사실에 근거한 절망의 언어들이다. 사실은 사실인데 너에 대한 내 약속과는 거리가 먼 언어, 너를 향한 내 뜻과 계획과는 상관없는 절망의 언어들이다."

저는 굳어진 무릎을 일으켜 세웠습니다. 눈에 보이지 않는 어둠의 세력을 향해 선포했습니다. 예수님을 트집 잡는 유대인들에게 주님이 하신 이 말씀을 한 번, 두 번, 세 번… 숨차게 보이지 않는 적들에게 던졌습니다.

나를 정죄하고 나를 무너지게 하던 절망과 두려움의 말, 죽음의 언어로 나를 돌로 치던 대 군단들, 어두운 지하실에서 나를 뚫어지게 노려보던 그들은 하나둘 자리를 뜨기 시작했습니다. 그들은 하나님의 진리와 함께 있을 수 없었습니다. 하나님의 도우심으로 제

영혼은 서서히 일어섰습니다. 승리를 안기시는 하나님을 찬양하며 이 말씀을 계속해서 적들에게 던졌습니다.

두어 시간이 지났습니다. 먹구름처럼 덮쳤던 어두운 세력들이 말끔히 사라졌습니다. 그 대신 해처럼 빛나는 하나님 얼굴이 저를 반겼습니다. 놀라운 말씀 체험이었습니다.

1994년 2월에 있었던 이 체험은 제 신앙생활의 두 번째 닻이 되어 주었습니다. 첫 번째 닻은 1993년 10월에 있었던 하나님과의 첫 만남이었습니다. 제 믿음이 흔들릴 때마다 두 닻은 폭풍 가운데서도 언제나 제 곁에 계신 하나님을 바라보게 했습니다.

사실이라는 거짓말을 태풍처럼 몰고 오는 어둠의 세력과 하나님의 진리를 영혼 한복판에 새기려는 성령 하나님 사이의 긴장과 씨름이 계속 이어질 때 늘 살얼음판을 걷는 느낌이었습니다.

제 등 뒤엔 죽음의 땅이 있고 제 앞엔 생명의 땅이 있습니다. 이 둘 사이에 놓인 얼어붙은 강, 저는 생명을 향해 그 강을 건너기 시작했습니다. 제 마음은 성령과 악령의 치열한 전쟁터였습니다.

이 살얼음판을 걷는 저를 지탱해 준 건 하나님 말씀이었습니다. 어둠의 세력이 절망과 사망의 언어를 쏟아부을 때 이를 막아 준 생명의 말씀들, 그렇게 하루하루 전쟁을 치르며 하나님 말씀을 선포했습니다.

사실이라는 거짓

이러는 가운데 건강은 몹시 나빠져 일터로 가지 못했고, 제가 품었던 꿈과 바라던 경력이 철저히 무너졌습니다. 견디기 어려운 절망감, 열등감, 수치심이 저를 덮쳤습니다.

'그래, 내 인생은 일찌감치 끝장났구나!'

부인할 수 없는 현실 앞에 저는 자주 무너졌습니다.

하나님 말씀 붙잡고 근근이 버티는 제가 이렇게 무너지는 게 안타까우셨던지 어느 날 하나님은 사실과 진리가 별개임을 자세히 일러주셨습니다. 당신의 뜻과 의지와 약속이 진리이지 사실이 진리가 아니라고 말씀하셨습니다. 저는 결국 하나님의 사랑과 진리 안에서 든든히 설 거라고 말씀하셨습니다. 성령의 감동으로 다음과 같은 하나님의 메시지를 받았습니다.

우울증을 앓을 때 네 마음에 오가는 여러 생각이나 말은 대부분 사탄이 던지는 거짓말로 얼룩져 있다. 그런데 이 거짓말은 대부분 사실에 바탕을 두고 있어 반박하기도 어렵다. 지금 네 몸과 마음이 아픈 건 부인할 수 없는 사실이다. 지금 네가 일터에 나가지 못하고 쉬고 있는 것도 사실이다. 따돌림받고 일터 잃고 친지가 떠나고 가정이 깨어지고 아이들이 널 피할 수도 있다. 이 모든 것으로 인해 네 마음이 소망보다는 절망, 기쁨보다는 슬픔이 많은 것도 사실이다.

그러나 경계하여라. 어둠의 세력이 사실을 들어 네 영혼을 치고 들어올

때 그는 이를 무기 삼아 네 소망을 끊어 버리고 죽음 골짜기로 너를 몰고 갈 것이다. 완전히 희지 않으면 검다 하고, 조그만 걸 크게 부풀리고, 연약하고 추악한 네 모습을 보여 주며 널 이런저런 사람이라고 몰아붙일 것이다. 네가 주리고 화나고 외롭고 지쳐서 바른 생각을 할 수 없을 때 너를 사로잡는 부정적 감정의 불에 그럴듯한 논리의 기름을 퍼부을 것이다.

사탄은 인간이 가진 착각, 즉 진리는 여러 사실을 모으고 분석해서 이끌어낼 수 있다는 착각을 사람들 마음에 뿌리 깊이 새겨 놓았다. 실증주의·사실주의·인본주의·실존주의·진화론·공산주의 등 인간 이성과 논리로 세워진 학설들이 한때 진리처럼 설쳐 댔다. 그러나 이들은 하나같이 선한 열매를 맺지 못하고 안개처럼 사라졌다. 그들은 진리가 사실이라는 바탕 위에 서야 한다고 한결같이 주장했다.

적극적 사고와 인지치료가 도움을 줄 수 있을지라도 네가 바라는 온전한 회복으로 이끌지 못한다. 주관적 사실을 객관적 사실로, 하지만 어디까지나 인간의 사고 전환으로 이기려 하기 때문이다. 정신분석가의 오랜 진단과 상담이 너를 근본적으로 고치지 못했던 것도 이와 같다. 항우울제가 우울증을 근원적으로 치료하지 못하는 것도 마찬가지다.

아무리 지혜로운 것일지라도 사실은 거짓을 이기지 못한다. 이는 사실이 거짓을 이길 진정한 대항마(對抗馬)가 아니기 때문이다. 거짓을 온전히 이길 수 있는 건 사실이 아니라 진리다. 거짓의 진정한 적수인 진리만이 거짓에 맞서 이길 수 있다. 잘못된 생각과 감정은 오직 내가 선포한 사랑과 진리 안에서 고쳐질 수 있다.

때때로 네 마음에 불화살처럼 꽂히는 어두운 생각과 감정은 대부분 사실로 시작된다. 새빨간 거짓말이라면 쉽게 이를 알아차리고 무시할 수 있다. 하지만 네 원수는 그런 어리석은 무기를 사용하지 않는다. 그들은 사실이라는 쐐기를 사용하여 네 건강한 생각과 감정을 파고든다. 네 원수는 여러 가지 사실로 너를 속인다. 그는 속이는 자다. 그러나 너의 강력한 무기는 진리, 곧 너를 향한 내 가슴이요 뜻이요 약속이요 말씀이다.

사탄이 던지는 거짓말을 사람의 이성과 의지로는 이길 수 없다. 그 거짓말은 수치심, 두려움, 외로움을 뜨겁게 불러일으키며 엄청난 절망감을 가져온다. 떨쳐 버리려 해도 거머리처럼 집요하게 네 마음과 생각을 물고 늘어질 것이다. 이러한 거짓말들은 네 생각이 아니다. 내게서 나온 것도 아니다. 사탄이 끈질기게 네 마음에 퍼붓는 불화살이라는 걸 알아야 한다. 이러한 거짓을 온전히 없앨 수 있는 건 객관적 생각이나 사유가 아니라 진리다. 그러니 네가 책임질 것도 네가 부끄러워할 것도 아니다. 네가 책임질 것은 오직 한 가지, 바로 네 선택이다. 성령의 생각과 악령의 생각, 이 둘 중에서 무엇을 택할 것이냐?

인유야, 네가 몇 주 전에 스스로 체험하지 않았느냐? 네 영혼을 훔치러 온 원수들이 널 포위하고 삼키려 들 때 이성적 사고와 의지가 네 영혼을 사자(獅子) 아가리에서 빼낼 수 있더냐? 네 생각과 느낌에 상관없이 성경에 있는 진리를 외쳤을 때 비로소 그 사자를 때려눕히지 않았더냐? 길이요 진리요 생명인 예수의 말씀을 선포했을 때 원수들은 뿔뿔이 흩어졌다.

인간이 이해할 수 없는 고난을 이성적 생각으로 풀 수 있더냐? 오랜 세월 질투하는 사울왕에게 쫓겨 다니는 다윗, 위로하러 온 세 친구들에게서 거친 정죄를 받는 욥, 겟세마네 동산에서 피땀 흘리며 고난의 잔을 거두어 달라던 예수…. 이들이 직면한 실존적 번민과 고통을 어떻게 인간이 만든 처방으로 달랠 수 있더냐? 이성적 사고, 적극적 생각, 정신분석, 인지행동 치료가 인간 실존이 가진 근원적 의문을 풀 수 있더냐?

거짓의 반대가 사실이라고 세상은 주장한다. 그러나 나는 거짓의 반대가 진리라고 선포한다. 세상이 진리라고 주장하는 객관적 사실들은 사탄이 쏟아 놓는 '사실이라는 거짓'을 결코 이길 수 없다.

세상은 진리의 자리에 사실을 갖다 놓았다. 또한 진리에 대해 얘기하는 걸 꺼린다. 진리를 알 수 없다고 생각하거나 다른 이들과 부딪히는 게 두려워서 자신이 받아들인 진리에 대해서도 용기 있게 말하지 않는다. 이 혼란 때문에 많은 이들이 사탄의 거짓말을 어떻게 극복해야 할지 모른다. 그들의 칼은 무디고 방패는 여기저기 뚫려 있다. 그들 믿음은 사실에 끌려다닌다. 그건 믿음이 아니다.

너희가 성경에서 보듯 나는 진리가 무엇인지 수없이 설명했지만 사실에 대해 얘기한 적은 거의 없다. 세상은 사실에 대해 많은 얘기를 하지만 진리에 대해서는 용기 있게 말하지 않는다. 우울증을 앓고 있는 너를 에워싼 어두운 생각과 언어, 곧 원수의 거짓말을 이길 수 있는 것은 사실이 아니라 진리다. 네 이성적 생각이나 의지가 아니라 내가 선포하는 진리다.

에덴에서 쫓겨난 인간의 실존적 상처는 그 뿌리가 깊고 크다. 너희가 가진 희망과 이성적 사고로는 에덴을 떠난 인간의 아픔과 고통, 가죽 옷으로 내가 가려 준 근원적 상처를 깨끗이 치료할 수 없다. 진리가 아닌 객관적 사실로는 사탄의 거짓말을 이길 수 없다.

진리가 무엇인지 물었느냐? 성경에는 무엇이라고 하더냐? 그리고 내 외아들 예수는 진리에 대해 무엇이라고 하더냐?

> "아버지의 말씀이 곧 진리입니다" 요 17:17, 공동번역

> "나는 길이요 진리요 생명이다. 나를 거치지 않고서는 아무도 아버지께 갈 수 없다" 요 14:6, 공동번역

> "예수께서는 당신을 믿는 유다인들에게 이렇게 말씀하셨다. '너희가 내 말을 마음에 새기고 산다면 너희는 참으로 나의 제자이다. 그러면 너희는 진리를 알게 될 것이며 진리가 너희를 자유롭게 할 것이다'" 요 8:31-32, 공동번역

그렇다. 내가 너희에게 일러준 말이 진리다.

내 뜻과 약속과 사랑이 진리다.

사람이 태어나고 늙고 병들고 죽는 것은 사실이다. 그러나 영원한 생명을 너희에게 약속한 내 진리 앞에서 그 사실은 거짓에 지나지 않는다.

사실은 진리에 속한 것도 있고 거짓에 속한 것도 있다.

에덴을 떠난 너희들을 묶고 있는 죄와 사망의 법칙은 사실에 속하지만 죄를 없애고 생명을 선물하려는 내 뜻과 다르므로 이 또한 거짓에 속한다.

세상적 반대어와 성경적 반대어

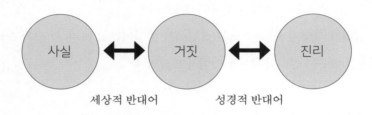

세상적 반대어   성경적 반대어

거짓, 사실, 진리의 관계

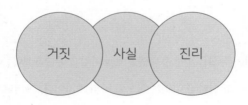

사랑과 진리가 모든 것을 다스리는 날이 오면 저주 아래 놓였던 이 땅의 사실, 현상, 법칙은 안개처럼 사라질 것이다. 그러니 일시적 현실로 다가서는 사실들 앞에 움츠러들지 마라.

생로병사(生老病死)는 사실이다. 그러나 진리는 아니다.

거짓에 불과한 사실이다.

내 뜻도 아니고 내 계획도 아니고 내 약속도 아니기 때문이다.

선한 행실로 복 받고 악한 행실로 벌 받는 것은 사실이다.

그러나 이 사실이 진리는 아니다.

죄로 인해 마땅히 죽어야 할 널 대신하여

십자가에서 내가 죽고 다시 살아나

영원하고 복된 생명을 네게 선물한 것이 진리다.

사람의 마음에 악이 가득하여 평생 동안 미친 마음을 품다가

나중에는 한 줌 흙으로 돌아가는 것은 사실이다.

그러나 이 또한 진리는 아니다.

네가 가던 길 돌이켜 내 품으로 돌아올 때

나는 너를 내 자녀 삼고 영원히 너와 사랑을 나누며

세상이 알지 못하는 평안과 기쁨을 함께 누릴 것이기 때문이다.

그러니 인유야, 이제 알겠느냐?

진리는 지음을 받은 모든 것에 대한 내 뜻,

곧 지은 이의 뜻과 약속과 사랑이다.

진리는 어느 것에도 끌려다니거나 영향받지 않는다. 나는 회전하는 그림자도 없이 스스로 있는 자가 아니냐! 진리는 종속 변수가 아니라 독립 변수다. 진리는 또한 자연 현상, 법칙, 인생에 대한 관찰과 분석으로 이끌어 낼 수 없다. 현상계에서 드러난 여러 사실들에서 추측해 낼 수도 없다.

왜냐하면 너희가 보고 알고 체험하는 삶과 환경은 내 뜻을 떠나 죄의 법, 사탄의 법을 따라 움직이는 게 섞여 있기 때문이다. 에덴을 떠난 이후 너희가 피할 수 없는 고통을 안고 사는 것도 이 때문이다.

그러니 네 눈과 귀와 손과 머리와 마음으로 확인된 사실을 들어 참 소망과 평안과 기쁨을 앗아가려는 원수들 앞에 결코 속지 마라. 주눅들지 마라.

새빨간 거짓말만이 거짓이 아니다. 진리와 맞서는 모든 것, 창조주의 사랑과 뜻과 약속을 거스르는 모든 사실, 현상, 법칙들이 거짓임을 기억하라. 나의 뜻과 약속과 계획을 거스르는 모든 언어와 생각과 노력도 거짓이다. 여기엔 진리와 상관없는 사실에 근거한 사유와 이론과 주장이 모두 포함된다. 네가 맞서서 싸워야 할 게 무엇인지 이제 알겠느냐?

내게는 사실을 뛰어넘는 내 뜻이 있고 약속이 있고 사랑이 있다. 네 생각과 감정을 떠나 내 뜻과 약속을 믿음으로 잡을 때 너를 향한 내 꿈은 너의 현실이 된다. 너를 끔찍이 사랑하여 내 아들 목숨까지 내놓은 자비로운 나 여호와를 기억하라. 사랑과 진리 안에서 내 자비로운 뜻과 약속은 반드시 이루어진다.

가슴과 영혼의 언어를 머리의 언어로 이해하려 들지 마라. 네 수고가 헛될 것이다. 이해되지 않을 것이다. 사람이 가진 지식과 이성만으로 나를 만난 사람은 아직 아무도 없다. 많은 지식인이 나를 만나지도 알지도 못하는 이유가 여기에 있다. 그들이 자랑하는 이성(理性)이 쇠벽이 되고 그들이

뽐내는 지식이 화려한 옷이 되어 발가벗고 내게 달려와 내 발을 붙잡고 도와달라고 외쳐야 할 자신의 참혹한 모습을 깨닫지 못한다.

사람의 몸을 입고 내가 지은 세상을 찾아 내려갔을 때 나를 가장 먼저 알아보고 달려온 이들은 창녀, 세리, 죄인, 어부들이었다. 서기관, 영적 지도자, 성전 책임자들은 나, 곧 구세주를 십자가에 매달아 못박았다.

죄악으로 가득한 널 불쌍히 여겨 내가 대신 오른 십자가 쇠못이 내 손과 발을 뚫고 들어오던 그때, 더 아프게 찢어진 것은 널 향한 내 가슴이었지 내 손발이 아니었다.

그래서 널 위해 기도하는 내 가슴을 네가 만졌더라면 네 손은 내 가슴 속 불덩이로 심하게 데였으리라. 이것이 어찌 가슴이 아닌 머리의 언어로, 영혼이 아닌 지식의 언어로 전해질 수 있단 말이냐?

아서라. 오직 모든 말과 언어가 멈춰 버리고 내 뜨거운 가슴 불에 네 영혼이 확 데이며 너와 나의 눈빛이 번개처럼 부딪힐 때 너를 향한 내 약속과 외침이 네 가슴과 영혼을 파고들 것이다.

네 영혼과 육신은 용광로 안 쇳물처럼 녹아 버릴 것이다.

비로소 너는 입을 다물고 네 생각을 멈추고 나를 그냥 껴안을 것이다.

머리가 뛰어넘지 못한 쇠벽을 가슴이 뛰어넘을 것이다.

그리고 모든 것이 이해될 것이다.

이 진리는 아무도 네게 가르쳐 줄 수 없다.

오직 네 영혼과 육신으로 체험될 수 있을 뿐이다.

바뀐 삶으로 그 힘을 드러낼 뿐이다.

너와 내 눈이 마주치고 너와 내 가슴이 부딪히는 것처럼.

바로 이 사랑을 내가 외쳐 왔다.

바로 이 껴안음을 내가 기다려 왔다.

너와 내가 하나가 될 날을 내가 기다려 왔다.

말씀 따라 시작한 대화

주님을 구세주로 받아들인 1993년 10월, 처음엔 기도를 어떻게 드려야 할지 몰랐습니다. 다른 이들이 드리는 기도를 흉내 내는 정도였습니다.

"절 낫게 해주세요. 당신의 사랑과 기쁨과 평안을 누리게 해주세요."

이렇게 시작한 기도는 저와 가족과 이웃을 위해 무얼 좀 해달라는 내용이 많았습니다. 얼마 지나지 않아 기도는 같은 청을 반복해 올리는 밋밋한 일거리가 되어 버렸습니다.

'이게 아닌데'라는 생각이 들 때마다 성령 하나님은 제 호주머니에 있는 말씀 카드를 꺼내게 하셨습니다. 말씀을 받을 때마다 3×5인치 카드에 써서 호주머니에 넣고 다녔기 때문입니다. 말씀을 한 절 한 절 읽으며 서로 대화하듯 기도하기 시작했습니다. 제 삶을 하나님 말씀으로 비추어 드리는 기도는 하나님과 나누는 사랑의 대화로 이어졌습니다. 그 대화는 저를 곧장 하나님 품으로 데려다 주는 것 같았습니다. 다음은 시편 18편 28-29절로 드린 초보적 대화식 말씀기도입니다.

〔주께서 나의 등불을 켜심이여〕
주님, 불 꺼진 제 방에 들러 주셔서 고마워요. 거친 들판에 버려진 집, 그 안에 있는 작은 방, 아무도 들러 주지 않았어요. 누군가 뚜벅뚜벅 걸어왔을 때 제 가슴은 뛰기 시작했어요.
버려진 제 집을 찾으신 이가 다름 아닌 나의 하나님, 하늘과 땅을 지으신 바로 그 주님이라니! 말라서 바닥 난 등잔에 새 기름을 붓고 삭아 버린 심지를 새 것으로 갈아끼우고 꺼진 등불을 밝혀 주시는군요. 참으로 고맙고 고맙고 또 고마워요.

〔여호와 내 하나님이 내 흑암을 밝히시리이다〕
그렇습니다. 어두운 무리에게 붙잡혔을 때 티끌만 한 소망과 생기도 없었어요. 불과 석 달 전까지만 해도 제 영혼은 새까만 밤이었어요. 그러나 저를 만나 주신 주님이 이 모든 어두움, 절망과 불안과 죽음을 몰아내셨어요. 소망과 생명의 빛을 밝히셨어요.

〔내가 주를 의뢰하고 적군에 달리며〕
그렇습니다. 주님이 제 생명의 등불을 켜던 날 저는 당신 말씀을 외치며 적진으로 달려갔습니다.

믿음의 방패로 그들의 거짓을 물리쳤고 생명의 말씀, 곧 성령의 검으로 그들의 목을 베어 버렸습니다.

〔내 하나님을 의지하고 담을 뛰어넘나이다〕
높고 넓은 성채 안에 적들이 제 영혼을 가두려 했지만 독수리 같은 하나님 날개 타고 갇혔던 성채를 넘었습니다. 나의 왕 나의 하나님을 만났던 석 달 전 그날 저는 참 자유를 맛보았습니다. 그때뿐 아니라 지금 여기서 절망의 수렁에 빠질 때 주님은 한결같이 저를 건지십니다. 제 영혼의 등불을 밝히십니다. 당신의 약속과 진리로 저를 무장시키시니 제가 원수들 목을 베고 그 담을 뛰어넘습니다. 고맙고 고맙고 또 고맙습니다.

말씀 따라 시작한 대화는 하루하루 살얼음판 같았던 싸움에서 적들의 불화살을 막는 방패가 되었고 그들 목을 날려 버리는 칼이 되었습니다.

틈틈이 호주머니에서 말씀을 꺼내 외우고 외치고 주님과 이야기했습니다. 애매한 것이 있어 주님께 물으면 당신은 자세히 풀어서 설명하셨습니다. 이런 가운데 하나님은 생명과 소망, 평안과 기쁨, 믿음과 사랑을 든든히 세워 주셨습니다. 그렇게 하나하나 쥐어진 말씀들이 여섯 해 동안 500가지 정도 모였습니다. 남을 위한 기도와 개인적 간구를 마치면 주로 이 말씀으로 대화하였습니다.

틈만 나면 거침없이 제 생각과 감정을 치고 들어와 제 영혼을 훔치고 죽이려던 어둠의 세력들과 싸운 흔적이 하나하나 그 대화 속에 담겨 있습니다. 거짓을 이긴 진리, 하나님의 승리가 그 안에 담겨 있습니다. 파도처럼 밀려오는 도전 가운데 하나님은 말씀기도로 저를 훈련시키셨습니다.

5. 우울증의 성경적 치유

우리의 싸우는 병기는 육체에 속한 것이 아니요
오직 하나님 앞에서 견고한 진을 파하는 강력이라
모든 이론을 파하며
하나님 아는 것을 대적하여 높아진 것을 다 파하고
모든 생각을 사로잡아 그리스도에게 복종케 하니

고후 10:4-5, 개역한글

너희가 나를 버리고 성전을 떠났고,
운명이라는 신에게 제상을 차렸고
팔자라는 신에게 혼합주를 바쳤으므로
내가 칼을 들어 너희 운명을 정해 주마
너희는 모두 네 목을 칠 망나니 앞에 무릎 꿇을 것이다
이는 내가 너를 부를 때 응답하지 않았고
내가 네게 말할 때 듣지 않았기 때문이다
오히려 너희는 내 보는 앞에서 고의로 악을 행했고
내가 경멸하는 일을 골라서 자행하였다

사 65:11-12, 구인유 번역

But because the rest of you have forsaken the Lord
and have forgotten his Temple,
and because you have prepared feasts to honor the god of Fate
and have offered mixed wine to the god of Destiny,
now I will 'destine' you for the sword.
All of you will bow down before the executioner.
For when I called, you did not answer.
When I spoke, you did not listen.
You deliberately sinned—before my very eyes
— and chose to do what you know I despise."

Isaiah 65:11-12, NLT

우울증은 부끄러운 게 아니다

2004년부터 온누리교회에서 시작된 우울을 겪고 있는 분들을 위한 회복 사역 '우울로부터 회복'(GOOD: Getting Out of Depression)이라는 소그룹을 섬기게 되었습니다. 타락한 인간 고통을 복음에 비춰보고 의료치료와 함께 하나님 말씀으로 치유하는 모임입니다.

'우울로부터 회복' 모임은 2012년경 '기쁨의 샘'(SOJOY: Spring of Joy)으로 이름을 바꾸었습니다. 근원적 회복을 위한 열쇠가 병리적 심리분석보다 주님의 기쁨을 누리고 나누는 데 있다는 것을 보다 더 분명하게 강조하기 위해서였습니다.

근래 심각한 사회문제로 우울과 자살이 떠올랐습니다. 한국은 오랫동안 OECD 국가 자살률 세계 1위를 유지하고 있습니다. 비인간적 경쟁과 속도, 인간 존엄성보다 부, 지위, 명예를 중시하는 사회에서 피할 수 없는 사회적 비극이라 생각합니다.

지금까지 수많은 유명인, 소외된 젊은이와 어르신, 사회적 약자들이 스스로 목숨을 버렸습니다. 잘못된 가치관으로 물든 사회문화 문제를 당사자의 성품 결함으로만 해석하는 편견, 무너진 사회 공의, 생명의 원초적 기쁨을 외면한 물질만능주의에 희생된 사람들입니다. 대부분 자신의 끔찍한 절망을 어느 누구에게서도 공감받지 못한 채 목숨을 버립니다. 성숙을 향한 탁월한 계단인 우울증을 모든 이가 바르게 이해하는 것이 절실히 필요한 때입니다.

영혼의 성장통을 앓는 이를 정상인이자 존엄한 개인으로 바라보고, 그의 어두운 언행에 영향받지 않고 각자의 삶을 기쁘게 살아가는 것, 가족으로서는 이보다 더 나은 도움을 줄 수 없습니다. 또한 당사자는 우울증을 일정 기간 있다 사라지는 정서적 아토피로 이해하고 우직하게 치유의 소망을 붙드는 것이 필요합니다. 그 기간이 참기 어려울 정도로 길더라도….

우울증을 정신이상 혹은 병증으로 해석하여 정신신경과 의사 및 심리치료 전문가의 도움으로만 치료될 수 있다고 믿는 데서 여러 혼란과 어려움이 시작됩니다. 물론 그들의 도움이 필요합니다. 하지만 어떤 이유로든 심하게 생채기 난 마음에 새살이 돋으려면 피와 고름이 계속 흐르는 때, 딱지가 가라앉길 기다리는 때, 영혼의 새살이 돋으며 딱지가 조각 조각 떨어져 나가는 때, 예전보다 더 건강한 새살로 온전히 덮이는 때가 있습니다.

이 기간을 묵묵히 견디지 못하고 성급한 진단과 처방을 질서 없이 반복하면 새살이 붙기 전 딱지를 계속 뜯어 다시 피를 흘리는 일만 되풀이될 것입니다. 가장 탁월한 연고는 진심 어린 사랑과 기쁨입니다. 단 한 사람이라도 참사랑과 관심으로 환자를 대해 주면 일정 기간이 지나 우울증은 자연히 낫게 됩니다. 이런 점에서 진심 어린 관심과 사랑을 나누는 가족이나 이웃이 가장 탁월한 의사라 할 수 있습니다.

우울증은 양상과 강도가 다양하여 일률적으로 '해결책은 이것!'

이라고 간단히 말할 수 있는 게 없습니다. 어떤 분들은 가벼운 감기처럼 짧게, 아니면 3-6개월, 또 다른 분들은 그보다 더 오랫동안 영혼의 진통을 겪을 수 있습니다.

정서적 고통에 시달리는 이에게 성급히 충고하기보다 공감하는 마음으로 잠잠히 들어 주는 것, 그의 절망과 어두운 얘기에 휘말리지 않고 각자의 삶을 알뜰히 살아가는 것, 삶의 소소한 기쁨을 잔잔히 나눠 주는 것, 간혹 환자가 지나친 비관에 빠져 생각의 균형을 잃을 때 온유한 질문으로 스스로 길을 찾게 돕는 것, 그와 일상적으로 얘기를 나누며 웃고 떠드는 것, 함께 식사를 하는 것은 환자로 하여금 자신이 지극히 정상인이고 소중한 사람이라는 확신을 갖게 합니다. 이 확신이 아주 중요합니다. 그들은 사실 소중한 정상인들입니다.

의료적 치료와 함께 하나님의 사랑과 진리 안에서 받을 수 있는 근본적 치유는 이 지면에서 얘기하기엔 넘치는 분량입니다. 이 책에서는 우울증과 근본적 치유에 대해 환자와 가족이 정확하게 이해할 수 있도록 몇 가지 핵심을 요약합니다.*

〔우울의 느낌〕

1. 절망이라는 벼랑 끝에 서 있다. 깊고 어두운 우물에 갇힌 것 같다. 빠져나올 출구가 보이지 않는다. 나와 하나님에 대해 어두운

---

* 우울 및 정서불안 치유 내용은 온누리교회 성경적 집단상담 '기쁨의 샘' 교재인 《사자(獅子) 수레바퀴》에서 자세히 다룹니다. 이 책에서는 근본적 치유에 대해 환자와 가족이 정확히 이해할 수 있도록 몇 가지 핵심을 요약했습니다.

생각이 많다.

2. 유리 벽에 갇힌 것 같다. 바깥 세상과 사람들이 한 치 앞에 있는데 그곳으로 나아가지 못한다. 다른 사람은 내가 철저히 갇혀 있는 걸 모른다. 내 고통을 도저히 이해할 수 없다.

3. 참기 어려운 절망감, 외로움, 수치심, 열등감이 넘친다. 사는 것이 죽기보다 싫다.

[우울에 대한 오해]

1. 내가 진정 하나님을 신뢰한다면 우울로 고생하지 않을 거야.

2. 내 죄로 인해 우울을 앓게 되었어.

3. 영적으로 온전히 서면 우울에서 벗어날 수 있어.

4. 하나님께서 나를 버리셨기 때문에 우울이 생긴 거야.

5. 타고난 성격적 결함으로 나는 우울에 늘 시달려.

6. 우울은 정신병이야.

[바른 이해]

1. 하나님을 깊이 신뢰하는 이들도 깊은 우울을 경험한다. 다윗, 엘리야, 욥, 루터가 그 예다.

2. 우울은 개인의 선악 여부나 신앙적 깊이와 상관없이 찾아올 수 있다.

3. 우울은 영적 미성숙의 결과가 아니다. 원죄를 가진 인간이 겪는 실존적 아픔이다.

4. 하나님께서 때로 훈련과 징계는 주실지라도 나를 버린 적은 한

순간도 없다.

5. 우울에 잘 걸릴 수 있는 특별한 성격 유형은 없다.

6. 우울은 정신병이 아니라 정서적 고통이다.

우울증은 부끄러운 병이 아닙니다. 원죄를 안고 태어난 인간의 근원적 상처가 눈에 띄게 밖으로 드러난 현상입니다. 에덴을 떠날 때 하나님이 입혀 주신 정서적 보호막이 잠시 찢긴 상태입니다. 삶의 큰 충격과 누적된 스트레스로 인해 보호막이 찢어질 때, 모든 사람의 마음 안에 잠복해 있던 깊은 수치심, 두려움, 외로움, 절망, 염려와 불안이 아우성치며 들고 일어납니다.

이와 함께 정서불안의 원인을 인간의 원초적 문제보다 각 개인의 과거 상처에서만 찾으려는 현대 사회의 풍조도 크나큰 걸림돌입니다. 일반 심리학은 우울과 중독 혹은 인간 정신병리의 주 원인을 주로 성장기 상처와 상실에서 찾으려 합니다. 그러나 성장기 상처는 은밀하게 숨은 인간의 원초적 상처를 아프도록 건드리고 쥐어짜서 밖으로 드러내는 사건으로 볼 수는 있어도, 정신병리의 1차적 원인은 아닙니다.

정신병리의 근본 원인은 에덴의 원죄로 인해 모든 사람에게 깊이 침투된 끔찍한 수치심, 두려움, 외로움입니다. 이 상처는 아담이 저지른 원죄 사건 이후 모든 인간이 태어날 때부터 가진 원초적 상처입니다. 하나님 형상을 지닌 인간으로서 지음을 받았을 때 넘치게 주어졌던 참사랑, 기쁨, 평안을 빼앗긴 끔찍한 상실감입니다. 이러한 성경적 시각에서 벗어난 심리치료는 영적인 암 덩이가 뿜어내는 통증을 잠시 달래 주는 증상 완화 수준에 대부분 머뭅니다. 영혼의 암 덩이는 여전히 남아 있습니다.

이는 우리 모두가 어렸을 때 알게 모르게 앓았던 수두 바이러스가 원천적으로 사라지지 않고 특정 세포 안에 잠복해 있다가 몸이 약해지거나 면역력이 떨어질 때 대상포진이라는 통증으로 나타나는 것과 같습니다.

개인의 회복탄력성으로는 도저히 감당할 수 없는 삶의 위기가 다시 찾아올 때 일반 심리치료와 대증요법(對症療法)은 거듭해서 몰려오는 우울증과 중독을 원천적으로 막아 내는 데 일정한 한계를 보입니다.

인본주의 심리학과 정신분석이 과거의 상처를 파헤치며 현재의 상태를 해석하려 하고 그 상처를 제대로 이해하면 자유로울 것처럼 얘기하지만 안정적 회복은 그리 쉽게 오지 않습니다. 원죄의 심각성과 깊이, 완벽한 구원의 필요, 하나님의 놀라운 치유를 외면한 결과입니다.

다음 말씀은 하나님을 떠난 인간의 실존적 모습, 곧 우울의 단면을 보여 줍니다.

"…인생의 마음에 악이 가득하여 평생에 미친 마음을 품다가 후에

는 죽은 자에게로 돌아가는 것이라" 전 9:3, 개역한글

The hearts of men, moreover, are full of evil and there is madness in their hearts while they live, and afterward they join the dead. Ecclesiastes 9:3, NIV

 과거의 어떤 상처보다 더 가혹한 상처는 아담의 원죄로 인해 모든 인간에게 깊이 뿌리내린 끔찍한 수치심, 두려움, 외로움입니다. 자녀를 아무리 사랑하며 키웠어도 그가 타락할 수 있는 이유가 바로 여기에 있습니다.

 이와 달리 자녀가 어릴 때 입은 상처가 아무리 크더라도 그가 바른 길을 걸을 수 있는 이유 또한 하나님 형상을 담고 있는 그 마음에 있습니다. 과거의 상처가 무엇을 설명하는 것처럼 보이지만 인간의 근본적 정신병리를 명쾌히 설명하지 못합니다. 그러므로 개인의 과거만으로는 개인의 현재를 온전히 설명하지 못합니다. 오직 진리만이 개인의 과거와 현재를 온전히 해석해 줄 수 있습니다.

 프로이트 정신분석의 심각한 오류는 하나님의 사랑과 진리를 거부한 것입니다. 심리적 고통이 일어나는 증상을 과거 타인의 학대와 환경의 충격으로 일어난다고 해석할 수는 있습니다. 그것이 분명 병리적 증상을 불러일으키기 때문입니다. 그러나 성장기 트라우마를 정신병리의 일차적 원인으로 해석하면 온전한 치유의 길에서 더욱 멀어지고 혼란은 가중됩니다. 문제가 없어 보이는 어린 시절,

사랑을 듬뿍 받고 자란 환경이라고 해서 그가 우울증에 걸리지 않을 거라고 단정할 수는 없습니다.

제가 2년 동안 섬긴 정신병동 사람들 중 절반이 유복한 환경에서 자란 사실이 이를 잘 말해 줍니다. 그때 왜 모든 사람에게 하나님의 완벽한 치유와 구원이 절실히 필요한지 더 분명히 이해하게 되었습니다.

하나님을 만날 때에야 비로소 찢어진 인간 영혼이 튼튼히 기워집니다. 자신의 선택에 대해 책임을 지기 시작할 때 치유와 회복이 시작됩니다. 뼈아픈 상처와 슬픔이 허약한 몸과 마음을 세차게 흔들지라도 치유하시는 하나님에 대한 믿음을 여전히 붙들 수 있습니다. 힘에 부치는 행동이 아니라 마음의 선택이니까요. 나머지는 우리 연약함을 잘 아시는 하나님께서 도우십니다. 존엄한 인간의 자유의지는 여기서 원래의 힘을 발휘합니다.

유명인사 중에 우울증을 앓았던 몇 사람을 살펴보겠습니다.

미국 대통령을 지낸 에이브러햄 링컨과 우드로 윌슨, 전 영국 수상 윈스턴 처칠, 신앙의 거장 찰스 스펄전, 마르틴 루터는 고통스러운 우울증을 평생 앓으면서도 인류를 위해 훌륭한 업적을 남겼습니다.

위대한 예술가인 빈센트 반 고흐, 어니스트 헤밍웨이, 노벨문학상 수상자 가와바타 야스나리, 버지니아 울프는 어두운 마음과 계속 싸워야 했던 고통스런 삶을 스스로 택한 죽음으로 끝냈습니다.

탁월한 사상가이자 작가인 프리드리히 니체, 조지 오웰, 조너선

스위프트 역시 일생 동안 우울증을 앓았습니다.

안타깝게도 국내 유명인사들이 우울증을 앓다가 자살로 생을 마감하는 충격적 소식을 연이어 접하고 있습니다. 극심한 우울을 극복한 사례가 많이 있음에도 불구하고 국내에서는 아쉽게도 체계적 치유 과정이 잘 드러나지 않습니다.

외국에서는 저명한 이들부터 자신이 우울증을 앓고 있는 사실을 감추지 않고 자신의 투병과 극복 과정을 자세히 공개하며 많은 사람에게 치유의 소망을 안겨 주고 있습니다. 그러나 국내에서는 우울증을 정신 질환으로 여겨 개인과 집안의 수치로 생각하는 경향이 아직까지 남아 있는 것 같습니다. 개인이나 집안의 수치가 아니라 인간의 실존적 아픔, 인간 성숙의 긍정적 과정임을 인정할 때 안정적 치유는 훨씬 더 탄력을 받을 것입니다.

암을 앓고 있는 이들이 그 병을 부끄러워해야 할 이유가 없듯, 우울증을 앓고 있는 이들이 그것을 부끄러워 할 이유도 없습니다. 오히려 인간 실존의 아픔을 인정하고 우리의 죄성을 겸허히 받아들이는 계기로 삼을 수 있습니다.

주기적으로 우울을 앓으면서도 인류를 위해 선한 영향력을 끼친 위인들이 많습니다. 이처럼 우울에 시달리면서도 주어진 삶을 알뜰히 살아갈 때 사회에 선한 위로와 도전을 전할 수 있습니다. 고통받고 있는 사람들에 대한 이해와 공감, 힘닿는 대로 이웃을 도우려는 마음, 하늘나라에 대한 열망을 품을 수밖에 없는 현실 인식, 인간의 실존적 상황과 무력함을 인정하는 겸손은 한 인간으로 태어나 얻을 수 있는 아름다운 생(生)의 열매로 볼 수 있습니다.

뿌리부터 시작하는 성경적 치유

성경적 치유의 특징은 다음 세 가지 관점 전환을 강조합니다. 이는 저의 12년간의 투병, 이어진 17년간의 회복 사역 섬김, 2년간의 정신병동 섬김, 17년간의 집단 및 개인상담이 보여 준 효과적 치유에서 얻은 결론입니다.

1. 성장기 트라우마 → 에덴의 트라우마: 성장기 트라우마보다 훨씬 더 깊고 근원적인 에덴의 트라우마를 먼저 살펴봐야 합니다. 여기서부터 인간 실존적 상처를 치유하기 위한 성경적 방법을 찾을 수 있습니다. 또한 성장기 트라우마가 어떻게 에덴의 트라우마로 발생한 근원적 상처를 사납게 건드리고 있는지 살펴봅니다. 치약 튜브를 쥐어짜면 치약이 쑥 나오듯 성장기 트라우마는 모든 인간 내면에 깊이 감추어진 수치심, 두려움, 외로움을 밖으로 뿜어내는 2차적 충격입니다. 모든 사람에게 입힌 1차적 충격인 에덴의 트라우마를 해결하지 않고서는 안정적 치유를 얻기 어렵습니다.

2. 자존감 향상 → 정체성 확인: 자신에 대한 가치를 자신과 타인의 판단에 의존하는 것이 자존감입니다. 세상은 가시적 성취, 적극적 사고, 자신에 대한 이해와 용납을 통해 자존감을 높이려 합니다. 사고체계 변화와 개인적 노력은 자존감을 어느 정도 높일 수 있습니다. 자존감은 개인의 행복 및 타인과의 관계 회복에 어느 정도 도움을 줄 수 있지만 어디까지나 주관적이고 상대적입니다. 상대적 자존감은 상황에 따라 오르락내리락 합니다.

이와 반대로 정체성은 객관적이고 절대적이며 변함없는 자아 정체성입니다. 정체성 확인은 자존감 향상과 같은 인간 노력을 요구하지 않습니다. 그 대신 하나님이 계획하고 완성하신 인간 존엄성을 확인하고 받아들이는 믿음이 필요합니다. '나는 누구인가'라는 질문에 대해 다음 세 가지 진리를 주목할 수 있습니다.

- 그리스도의 피 값으로 사들인 소중한 하나님 자녀(고전 7:23).
- 그리스도의 생명으로 다시 태어난 존귀한 하나님 자녀(갈 2:20).
- 그리스도의 모습으로 오늘도 빚어져 가는 아름다운 하나님 자녀(고후 3:18).

3. 회복탄력성 향상 → 복음탄력성 향상: 자존감 향상과 마찬가지로 회복탄력성은 삶의 충격을 견딜 수 있는 사고체계 변화 및 지구력 강화를 연습합니다. 반면 복음탄력성은 인간의 존엄성, 타락한 인간 실존의 고통, 하나님의 놀라운 언약과 구원, 부활의 삶에 대한

성경적 이해와 순종을 연습합니다.

위 세 가지 관점 전환을 위해 일상에서 구체적으로 실천하는 세 가지 훈련을 시작해야 합니다. 그것은 첫째, 자의식(自意識)에서 주의식(主意識)으로, 둘째, 일반기도에서 대화식 말씀기도로, 셋째, 인지적 반응에서 성경적 상황반응으로 무게중심을 옮기는 영성 훈련입니다. 이렇게 훈련하다 보면 정서적 치유라는 중간 단계의 열매를 맺게 됩니다. 그러나 이것이 궁극적 목표는 아닙니다.

제가 섬기는 '기쁨의 샘' 프로그램은 하나님 및 이웃과의 친밀함을 평범한 일상에서 연습하는 훈련장입니다. 주님이 뜻하신 기쁨을 각자 누리고 함께 나누는 훈련을 반복합니다. 최종 목표는 하나님 및 이웃과 하나되는 것입니다.

이를 위해 위 세 가지 훈련과 더불어 창조, 타락, 구원, 성화의 핵심 말씀을 복음에 기초한 새로운 시야로 짚어갑니다. 복음의 사각지대를 자세히 비추어 보면서 그 참된 규모를 새롭게 깨닫고, 부활의 삶을 평범한 일상에서 살아가고, 주님의 기쁨을 다 함께 누리고 나누는 연습을 지속합니다.

자의식(自意識)에서 주의식(主意識)으로

자의식은 나 혹은 주위(사람들 또는 환경)를 보고 앞날을 걱정하는 특징이 있습니다. 철저히 자기 중심적입니다. "육신의 생각은 사망이요"(롬 8:6)라는 말씀처럼 자의식의 끝은 절망과 죽음입니다. 자의식에 빠지면 바깥 세계는 사라지고 무언가에 갇혀 버린 좁은 공간이 그의 전 우주가 됩니다. 그 안에서 자기 중심적인 생각, 감정, 상상이 분주하게 돌아가며 악몽 같은 세계가 빚어집니다.

반대로 주의식은 주님 앞에 서서 자신과 주위와 앞날을 주님의 약속과 소망으로 바라보는 것입니다.

바알 선지자들과 큰 싸움을 마친 후 이세벨의 위협을 두려워하여 동굴에 숨은 엘리야에게 하나님은 나오라고 하시고 그의 좁은 시야와 절망을 지워 주셨습니다. 이와 같이 우울에 빠졌을 때는 억지로라도 사람들이 북적이는 시장을 찾아가거나 여행을 떠나 보십시오. 의외의 평안과 자유를 경험할 수 있습니다. 자신의 동굴, 곧 갇힌 세계를 조금이라도 벗어나기 때문입니다. 동굴 밖 세계는 주님의 평안과 기쁨, 생기와 아름다움을 생생하게 드러냅니다. 감동이나 변화가 느껴지지 않더라도 신실하신 주님의 성품을 조용히 기억하십시오. 주의식과 말씀기도가 이를 도울 것입니다.

우리는 일상에서 주님과 살아가는 연습을 계속해야 합니다. 근본적 치유와 회복은 주님이 끝내시기 때문입니다. 주의식은 주님이 주신 오감(五感)의 채널을 통해 하나님을 찬양하고 함께 기뻐하는 것입니다. 부엌, 학교, 일터, 모임 등에서 예배장소와 다름없이 하나님을 바라보며 이야기를 나누는 것이 주의식 연습입니다. 우리 마음이 가장 어려울 때부터 시작하여 가장 넉넉하고 힘이 있을 때까지 주의식을 연습할 수 있는 사례를 단계별로 정리해 보았습니다. 다음의 예들은 모범답안이 아닙니다. 하나님이 각자에게 잘 어울리는 여러 채널들을 다채롭게 열어 가실 것입니다.

1단계: 마음이 무너져 그 어떤 것도 할 수 없을 때

이때는 어떠한 인간적 시도와 노력도 소용없습니다. 기도와 말씀 묵상도 불가능합니다. 그저 넋 놓고 앉아 있을 뿐이지요. 마치 혼절한 환자가 응급실에 실려간 경우와 같습니다. 일체의 몸부림과 버둥거림을 그만두세요. 서두르지 말고 몸과 마음에 절대 휴식이 필요하다는 신호로 받아들이십시오. 어떠한 노력도 기울이지 말고 멍하니 넋이 나가 있더라도 그냥 그렇게 있으세요.

그래도 할 수만 있다면 잠잠히 하나님을 바라보세요. 자의적 노력, 경건의 열심에 대한 기대, 환상과 부담감도 모두 버리십시오. 그렇지 않으면 자기의 무기력을 절감하고 더 깊은 절망에 빠질 것입니다. 모든 걸 잃어버린 사람, 가장 비참한 밑바닥에 추락했기에 더 이상 잃을 게 없는 사람이 누릴 수 있는 평안을 조용히 누리세요.

그 대신 버림받은 느낌이 아무리 강할지라도 할 수 있는 한 자신을 품고 있는 하나님 얼굴을 주목하세요. 모든 기대를 내려놓고 그분을 그냥 바라보세요. 몸과 마음이 철저히 부서져 어떤 위로와 소망이 느껴지지 않더라도…. 임마누엘 하나님은 언제나 우리 곁에 계십니다. 우리가 응급조치를 받아야 할 중환자임을 하나님은 너무나 잘 아십니다. 이때는 따뜻한 하나님 품에 조용히 안겨 있으세요. 우리의 무기력을 솔직히 인정하며 하나님께 자신을 전적으로 맡기면 됩니다. 되든 안 되든 오직 믿음으로 주님 얼굴을 바라보고 주의 이름을 계속 불러보십시오(욘 2:3-7).

2단계: 조금이라도 마음을 추스를 수 있을 때

토막 말씀을 붙잡고 주님과 이야기를 해보세요. 요한계시록 3:20 말씀을 예로 들어 보겠습니다.

"볼지어다 / 내가 문 밖에 서서 / 두드리노니 / 누구든지 / 내 음성을 듣고 / 문을 열면"에서 '볼지어다' 혹은 '내가 문 밖에 서서' 혹은 '두드리노니' 등과 같이 말씀 중 한 단어나 한 토막을 잘라 마음속에 꽉 붙듭니다. 말씀 단위는 짧을수록 힘이 있고 선명합니다. 토막 말씀을 반복해서 선포하고 반응하며 주님과 이야기하세요. 이야기를 흡족히 나눈 후에 다음 단어나 단위로 넘어가면 됩니다.

3단계: 짤막한 말씀 묵상하기

하루나 일주일 내내 붙들고 싶은 한 말씀을 선택합니다. 이는 뜻이 통하는 한두 문장 혹은 서너 문장이 될 수 있습니다. 외울 수 있는 짧은 단위가 바람직합니다. 이 말씀을 반복하여 선포하고 묵상하면서 그 말씀에 기초하여 주님과 깊이 일상적인 이야기를 주고받으세요.

4단계: 찬송가 가사로 기도드리고 찬양하기

마음에 와닿는 찬송을 고른 후 찬송가 제목 아래에 있는 말씀을 선포합니다. 찬송가는 대화식 말씀기도의 탁월한 예입니다. 찬송가는 정직하고 정제된 언어가 담긴 기도입니다. 찬송가 가사는 감사, 회개, 선포, 기쁨, 슬픔 등 주제 말씀에 대한 인간의 다양한 반응을 운율에 담아 보여 주는 기도입니다. 달리 말하면 찬송가 가사는 말씀의 성육신입니다. 찬송가 가사로 기도 드린 후 주님의 얼굴을 바라보며 천국에서 찬양하듯 자신이 드릴 수 있는 최선의 마음과 목소리로 찬양을 드려 보세요.

5단계: 삶의 현장으로 주님 모시기

오직 믿음으로, 곁에 계신 주님을 삶의 현장으로 모십니다. 밥을 먹을 때 주님과 함께 먹고, 산책할 때도 주님 손잡고 걷습니다. 잠을 잘 때는 주님의 팔베개에 머리를 고입니다. 친구를 만나는 자리나 회의 석상에도 주님이 앉으실 자리를 내어드립니다. 그리고 가끔씩 주님의 얼굴을 바라봅니다. 기뻐하시는 미소, 격려하시는 몸짓, 충고하시는 음성을 믿음으로 보고 듣고 만집니다. 모든 순간을 오직 믿음으로 주님과 생활하는 것입니다. 친한 친구와 스스럼없이 즐거운 시간 보내듯이.

6단계: 주님이 지으신 자연 감상하기

강과 산, 나무와 숲, 구름과 그늘, 해와 달과 별무리 등 소리 없이 선포하는 하나님의 진선미(眞善美)를 탐색하고 감상합니다(롬 1:19-20). 작은 꽃의 아름다움을 보며 이를 디자인하고 지으셨을 때 하나님의 마음, 감정, 표정, 손짓이 어떠했을까를 상상해 봅니다. 하나님이 지으신 자연을 바라보고, 듣고, 향기 맡고, 맛보고, 만집니다. 하나님이 무슨 마음으로 창조하셨는지 물어봅니다. 하나님이 지으신 모든 것을 보시고 "심히 좋았더라"(창 1:31)라고 감탄하실 수밖에 없었던 참되고 선하고 아름다운 게 무엇인지 탐색하고 이해하며 느끼고자 힘씁니다.

7단계: 문화적 내용 속에서 하나님의 메시지 찾아내기

영화, 드라마, 음악, 미술 등을 보며 파편처럼 섞여 있는 하나님의 마음과 메시지를 찾아냅니다. 대부분 성령의 메시지와 세상의 메시지가 섞여 있을 것입니다. 거기서 하나님의 사랑, 아름다움, 진리의 내용을 캐냅니다. 사랑을 노래한 유행가의 몇 단어를 성경적인 것으로 바꾸어 보아도 좋습니다. 또한 예술을 통해 전해지는 인간의 방황, 고뇌 등을 두고 기도할 수도 있지요. 이 단계에서는 세상 예술과 문화를 하나님의 진선미와 심미안으로 정화시켜 하나님을 영화롭게 할 수 있습니다.

대화식 말씀기도**는 성경말씀을 펼쳐 두고 주님과 인격적 대화를 나누는 기도입니다. 먼저, 하루 중 조용한 시간과 장소를 택합니다. 그리고 성경을 읽으며 마음에 와닿는 구절이나 말씀을 노트에 적습니다. 적은 말씀을 하나씩 짚어 가며 주님과 이야기를 시작합니다.

말씀을 따라 대화하는 가운데 하나님의 생명과 숨결을 인격적으로 체험할 수 있습니다. 말씀에 대한 반응은 회개, 감사, 결단, 찬양, 질문, 불평, 침묵 등 다양합니다. 대화식 말씀기도를 할 때는 성경말씀의 단어나 구절을 놓고 친구처럼 주님과 이야기하다가 자연스럽게 다음 구절 또는 의미 단위로 넘어가면 됩니다.

다음은 이사야 41:10 말씀으로 드릴 수 있는 기도의 한 예입니다. 말씀기도가 점점 깊어지면 복음의 울타리 안에서 인격적인 주님과 친구처럼 대화하는 단계로 나아갈 것입니다.

[대화식 말씀기도 배경]

새벽 2시. 또다시 잠이 달아났다. 여러 가지 사역을 하며 심한 무력감을 느낀다. 모임 장소도 없어지고, 동역자들에게 휴식이 필요함을 느낀다. 다음 주부터 시작하는 사역 준비, 자라나는 손주들과

** '대화식 말씀기도' 상세 안내는 《대화식 말씀기도》(구인유, 2019, 규장) 참조.

가까이 있지 못하는 현실적 문제 등 얽히고설킨 여러 문제들이 한꺼번에 밀려온다. 염려로 뒤척이다 이사야 41:10 말씀이 떠올랐다. (L: 하나님 S: 나)

[두려워하지 말라 내가 너와 함께함이라]

S: 아바 하나님, 곁에 계셨군요. 혼자 생각하고 염려하고 씨름하는 중입니다. 주님이 곁에 계심을 잊어버렸습니다. 이렇게 일러 주시니 이제 숨을 돌릴 수 있네요. 하지만 여러 가지 풀리지 않는 일들을 생각하면 잠이 오지 않습니다. 무엇을 어떻게 시작할지, 새로 시작하는 사역에 참여하시는 분들이 저를 어떻게 받아들일지, 그분들 마음에 사랑과 진리가 꽂힐지….

L: 불타는 떨기나무 덤불 속에서 하나님을 보았던 모세도, 밀을 포도주 틀에서 타작하던 기드온도, 선지자로 부름받았던 예레미야도 하나같이 도망치려 했단다. 이 사역을 위해 너를 부른 것은 다른 누구도 아닌 바로 나다.

내가 널 불렀는데, 네가 지난 사흘간 새벽잠을 설칠 정도로 너를 혼자 버려둘 것 같으냐? 네 허약한 어깨와 마음의 짐을 던져놓고 내가 떠날 것 같아? 내 아들을 십자가에 매달아 피를 흘리기까지 널 귀히 보고 사들인 나다. 내가 너를 위해 못할 일이 무엇이냐?

[놀라지 말라 나는 네 하나님이 됨이라]

L: 다른 누구의 하나님이기 전에 너의 하나님이다. 지금 여기 혼자서 씨름

하고 있는 너의 하나님. 네가 얼마나 놀라고 있는지 다 안다. 하지만 이 일을 맡기고 돕는 이는 다른 누구가 아니라 너의 하나님이다. 지금까지 너를 이끌어 온 바로 나, 곧 너의 하나님이다.

S: 하지만 제가 작아지고 무기력할수록 다른 분이 섬기는 하나님은 커 보이고, 제가 믿는 하나님은 작아 보입니다.

L: 과연 그러하냐? 잠깐 멈춰서 지난 일들을 하나하나 기억해 보렴.

S: 그렇군요. 1993년 의심 많던 제 가슴에 불인두로 믿음을 새기셨습니다. 1994년 저의 목을 조르던 마귀 떼를 말씀으로 치워 주셨습니다. 1997년 여전히 우울증에 시달리던 저를 붙잡고 한국으로 데려오셨습니다. 그 외에도 수없이 많은 놀라운 도움을 주셨습니다. 모두 하나님의 열심이었습니다.

L: 이 모든 걸 도운 이가 정말 네 하나님이냐, 아니면 특별한 사람들의 하나님이냐?

S: 저의 하나님입니다.

L: 그렇다면 네가 전혀 알지 못하고 경험해 보지 않은 일이 놀라서 두려워할 일이냐? 이 일은 네 일이 아니다. 연약한 널 통해 강한 내가 하는 일이다. 우울증을 떨치지 못한 너를 한국으로 데려올 때 너는 얼마나 두려워했느냐?

S: 그랬습니다, 하나님. 보시다시피 저는 중증 치매환자입니다.

L: 알고 있다. 모세와 기드온과 예레미야도 처음엔 그런 모습을 보였다.

[내가 너를 굳세게 하리라]

L: 인유야, 내가 너를 굳세게 할 거야. 다시 말한다. 내가 반드시 널 굳세게 붙든다.

[참으로 너를 도와 주리라]

S: 정말 그렇게 될 수 있습니까? 제발 그렇게 해 주십시오.

L: 내가 약속한다. 참으로 너를 도울 거야. 네 마음과 계획과 말과 행동을 내가 직접 돕는다.

S: 고맙습니다. 약골인 저를 굳세게 하시고, 무지한 저를 참으로 도와주실 하나님, 감사합니다.

[참으로 나의 의로운 오른손으로 너를 붙들리라]

L: 수시로 넘어지는 널 내 오른손으로 언제나 붙들 것이다. 그러니 이제 가라. 두려워하지도, 놀라지도 말고. 내가 너와 함께할 것이고, 너를 통해 내 놀라운 일을 결행할 것이다.

S: 고맙고 고맙고 또 고맙습니다. 오직 하나님을 주목하게 도와주소서.

인지행동치료에서 성경적 상황반응으로

성경적 상황반응은 며칠 동안 밤잠을 설칠 정도로 마음을 괴롭히는 문제나 환난이 지속될 때 적용할 수 있습니다. 어려운 상황을 어떻게 성경적으로 재해석하고 반응할지 선택할 수 있습니다. 이는 인지행동치료보다 한 단계 더 나아간 성경적 대안입니다.

성경은 현재 우리가 겪는 인간의 갈등, 고뇌, 번민, 다툼, 투쟁, 화해, 순종 등 다양한 삶의 모습을 사실적으로 보여 줍니다. 성경 속 인물들도 처음엔 인간의 보편적 문제, 곧 인간관계, 재정, 건강, 재난, 징벌 등의 문제를 마주칠 때 대부분 세상 사람과 다름없는 반응을 보입니다. 그러나 세상과 달리 성경에는 자비롭고 전능하신 하나님의 해석과 개입, 해결과정이 자세히 담겨 있습니다. 하나님의 관점, 설명, 가르침, 위로, 보호, 사랑, 예언, 징계, 약속, 구원으로 인간의 문제를 처리해 가는 과정입니다.

여기에 근본적 문제해결의 열쇠가 있습니다. 지극히 어려운 문제나 상황을 인간의 객관적 상식, 이성, 지혜 및 막연한 믿음으로 처리하는 대신 성경의 예를 구체적으로 찾아 현재의 상황을 재해석하고 반응하는 결단을 내리세요.

이를 위해 첫째, 자신이 처한 상황, 곧 어떤 사건이나 감정을 잘 대

변해 줄 수 있는 성경적 사례, 그 상황에 맞는 적절한 가르침을 줄 수 있는 사례를 찾아 봅니다. 모세오경, 역사서, 예언서, 시가서, 복음서, 서신서 등에서, 때로는 한 곳 혹은 여러 곳에서 사례를 찾아낼 수 있습니다.

둘째, 적절한 성경 구절을 찾으면 이를 노트에 적은 후 말씀을 따라 주님과 대화하며 기도합니다. 말씀기도를 통한 인격적 대화에서 하나님은 현재 상황에 대한 자세한 설명이나 가르침 혹은 계시를 보여 주십니다.

셋째, 기도하던 중이나 기도가 끝난 후 하나님이 주시는 계시와 감동에 따라 자신의 상황을 어떻게 해석하고 대처할지 요약합니다. 그런 다음 내용에 따라 행동으로 옮깁니다.

인지행동치료의 한계는 인간의 객관적 사고(思考)가 실은 객관적이지 않음에 있습니다. 절대적 기준이 없기 때문에 각자가 말하는 객관적 사고가 제각기 다릅니다. 또한 인지행동치료는 변화무쌍한 사실을 바탕으로, 성경은 변치 않는 진리를 바탕으로 치유의 길을 찾아갑니다.

한 예로 인간의 생로병사는 사실이지만, 그 사실에서만 출발하면 인간 문제에 대한 궁극적 해답을 찾을 수 없습니다. 반면 생로병사가 어디서 시작되었고 하나님은 이 문제를 어떻게 해결하여 복되고 영원한 삶을 우리에게 선물하셨는지 성경은 자세히 이야기하고 있습니다. 성경적 상황반응이 인지행동치료보다 훨씬 더 효과적인 이유가 여기에 있습니다.

성경적 상황반응은 하나님의 사랑과 진리로써 이 땅의 현실을 다스려 가는 순종의 길입니다. 다음 표에서 심리상담의 인지적 반응 예와 성경적 상황반응을 살펴보도록 하겠습니다.

- 인지적 반응의 예

습관적 생각과 행동	
상황요약	아무것도 아닌 일에 민우가 내게 거칠게 대들어 타일렀다. 그러자 민우는 아직도 아빠 얼굴을 볼 때 불편하고 싫다고 한다. 눈물이 났다. 민우에게 말했다. "네가 아직도 날 무서워하고 있다니 참 마음 아프다. 어떻게 해야 할지 정말 모르겠다." 그러나 민우는 아빠가 변한 게 없다고 거칠게 대답한다.
결과적 생각과 감정	아빠를 이해하려 하지 않고 늘 자신의 비판적 생각에 나를 단단히 묶어 둔다는 생각이 든다. 그런 생각에서 비롯된 절망과 분노, 무시당했다는 느낌에 빠진다.
결과적 행동	내가 얼마나 오랫동안 용서를 구했고 변하려고 애써 왔는지, 얼마나 아들의 상처를 품고 쓰다듬으려 힘써 왔는지 여러 예를 들며 반박하려다가 멈춘다. 그러나 속으로 화가 치밀어 목소리가 굳어진다.
믿음 체계	이 아이는 어릴 때 받은 상처에서 결코 자유로울 수 없구나!

새로운 생각과 행동	
상황에 대한 사실 확인	민우는 아빠가 변하고 있다는 걸 어느 정도 알고 있다. 평상시 가끔 이 사실을 아빠에게 얘기해 주지 않았던가! 그러나 어릴 적 상처를 마음에서 깨끗이 지우기는 아직 이른 것 같다. 특히 어려운 상황에서는 자신도 모르게 예전 습관으로 돌아간다. 머리로는 아빠를 이해할 수 있을지 몰라도 온전히 용서하기엔 아직 가야 할 길이 남아 있다.
믿음 체계 평가	내 생각처럼 민우가 앞으로 결코 상처에서 자유로울 수 없을까? 아니다. 느릴지라도 그는 꽤 많은 변화를 보여 주고 있다. 아직 어려움이 보이지만 그가 회복의 길로 들어선 것은 틀림없다.
향후 감정 목표	회복을 이루실 하나님과 나름대로 애쓰는 민우를 신뢰하는 데서 오는 평안, 아빠와 예전처럼 웃고 떠들고 즐겁게 놀 수 있는 날이 올 것을 믿는 기쁨.
향후 행동 목표	민우를 회복시키시는 하나님 얼굴을 바라본다. 그의 반항과 어려움을 잠잠히 보고 듣고 받아들인다. 변명이나 설명을 피하고 경청한다. 자주 사랑의 눈길을 준다. 가끔 만화 영화를 함께 본다. 틈날 때 민우가 좋아하는 낚시나 등산을 함께 간다.

- 성경적 상황반응의 예

습관적 생각과 행동	
상황요약	지난 3년 동안 사귀었던 이성친구가 갑자기 헤어지자고 말했다. 전혀 예상치 못한 일이었다.
결과적 생각과 감정	생각과 감정이 일시에 얼어붙었다. 어떻게 이럴 수가! 내가 그를 얼마나 사랑했는데. 그가 어려울 때 얼마나 정성껏 도와주었는데…. 멍한 느낌과 배신감, 격심한 분노.
결과적 행동	"왜?"라고 묻지도 못하고 비틀거리며 의자에서 일어났다. 도망치듯 카페를 뛰쳐나왔다.
믿음 체계	그래, 난 늘 그랬어. 벌써 세 번째야. 난 결코 환영받을 수 없는 사람인가 봐.

성경적 해석과 행동			
성경에서 유사한 사례 찾기	사람들에게 버림받고 배신당한 성경 인물은 누구인지 살펴본다.		
	다윗: 사울왕, 아들 압살롬, 요압 군사령관, 아비아달 제사장 등.	바울: 유대인, 바나바·마가·데마 등의 동역자들, 갈라디아 및 고린도 교회 성도들.	요셉: 형제들, 보디발과 그 아내, 바로의 술 시종자.
상황에 대한 성경적 해석	성경의 유사한 사례를 펼쳐 두고 한절 한 절 읽어 가며 대화식으로 하나님께 기도드린다. 자신의 현 상황에 비춰 가며 정직하게 질문하거나 회개한다. 감사와 찬양 및 결단을 올려드린다.		
	말씀기도가 끝난 후 하나님이 보여 주신 소망, 가르침 또는 새로운 생각과 감정을 기록한다. 또한 암송하거나 기억해야 할 말씀을 기록하여 수시로 이를 묵상한다.		
성경적 반응	이성친구와 헤어지게 된 것이 자신의 잘못 때문인지 성경적 관점으로 살핀다. 이해되지 않으면 겸손히 친구에게 묻는다. 자신의 잘못을 발견하면 정직하게 회개한다. 그러나 어떤 경우에도 심한 자책은 삼간다. 재결합의 가능성이 있는지 성경적으로 살피고 필요하면 신실한 성도의 자문을 구한다. 재결합이 가능하지 않을 땐 하나님의 인도를 믿고 고통스러운 상황을 순순히 받아들이고 새로운 삶의 방향을 정한다.		
	성경적 관점과 상식에서 비춰봤을 때 그 결정이 자신이 아니라 친구의 잘못에서 온 것이라면 성경의 유사 사례를 하나님께서 어떻게 수습하시는가 살펴본다. 재결합 가능성이 없다고 판단되면 하나님이 더 나은 친구 또는 자원을 준비하실 것을 믿고 기쁜 마음으로 하루하루 충실하게 살아간다.		

6. 한 걸음 한 걸음 하나님 곁으로

내 백성이 두 가지 악을 행하였나니
곧 생수의 근원 되는 나를 버린 것과
스스로 웅덩이를 판 것인데
그것은 물을 저축지 못할 터진 웅덩이니라

렘 2:13, 개역한글

샘물 앞에서 타 들어가는 목
- 끊임 없는 순종 훈련

맑고 시원한 물이 끊임없이 솟아오르는 샘터 앞에서 목이 타 들어간다고 누구에게 하소연한다면 그가 뭐라고 말하겠습니까? 기가 찬 나머지 이렇게 소리칠 겁니다.

"이런 답답한 사람 봤나! 당장 이 샘물 퍼 마시지 않고?"

하나님 만난 후 몇 해 동안 숱한 영적 싸움 치를 때 주님이 친히 건네시는 생명의 물을 자주 맛보았습니다. 하지만 한국으로 돌아와 다시 일을 시작하면서 여전히 어려움을 겪었습니다. 생명수이신 예수 그리스도를 바로 앞에 모시고도 심한 갈증과 외로움을 느끼는 나날이었습니다. 다행히 이 도전은 최소한의 평안, 기쁨, 사랑 가운데서 주어졌습니다. 그래서 견딜 수 있었고, 하나님은 생각과 감정에 치우치지 않는 믿음과 소망을 키워 주셨습니다.

한국으로 돌아와 큰아이는 고등학교 3학년에, 작은 아이는 2학년에 배정되었습니다. 건강이 조금씩 회복될 즈음 국책 사업인 인천신공항 건설에 참여하게 된 것은 다행이었습니다. 이후 알리안츠 생명보험 IT 시스템 전환과 부산 신항만 컨테이너 설비 자동화를 맡았습니다. 일터와 교회는 제 믿음과 신앙의 생생한 실전장(實戰場)이었습니다.

1998년 월미도에서 영종도로 출퇴근하는 배편에서 하나님이 물으셨습니다.

"인유야, 네가 참석하는 주요 회의장에 내가 앉을 자리 하나 내어줄 수 있겠니?"

'네? 그 자리에 계시긴 좀…. 온갖 어지러운 이해관계가 얽혀 있어요. 때로는 말도 안 되는 고함이 오가고 생트집과 모함이 설치고.'

"알고 있다. 그래도 네 곁에 내가 앉을 수 있는 자리 하나 마련하는 게 어떠냐?"

'흐음…. 알겠습니다. 잘될지 모르겠지만 한번 해볼게요.'

저는 뜨악하니 약속은 했지만 초반엔 잘 지키지 못했습니다.

회의장은 주로 신공항 본부장, 해외 기술자, 해외 및 국내 용역업자들이 각자 이해관계에 얽혀 첨예한 대립과 토의를 이어가는 장소입니다. 제때 효과적 결론을 내지 못하는 비생산적 모임도 적지 않았습니다. 저의 소신, 주장, 이해관계를 관철해야 하는 회의에서 곁에 앉아 계신 하나님 얼굴 바라보며 그 뜻을 묻고 주어진 일에 최선을 다하는 것은 참 어려운 일이었습니다.

하루 업무를 마치고 나서 책상 정리할 무렵, '어? 오늘은 한 번도 하나님과 상의한 적 없네' 또는 '아까 그 본부장에게 기분 나쁜 질문 받았을 때, 왜 하나님께 묻지 않았지? 부글부글 끓는 화 참지 못하고 볼멘소리만 늘어놓았지' 하며 후회하고 탄식하는 날들이 많았습니다.

그러나 하나님은 끈질기셨습니다. 이 훈련을 포기하지 않으셨습니다. 3년쯤 지나자 임원회의에서도 하나님과 상의할 수 있게 되었습니다. 그와 동시에 점점 더 침착하게 소신을 지킬 수 있게 되었습니다. 그렇다고 그때마다 지혜로운 결정을 내릴 수 있었던 건 아닙니다. 그만큼 제 안의 두려움과 탐욕이 하나님 뜻을 흐리게 했습니다.

하나님 음성 제대로 듣고 당신 뜻 따라 순종하는 건 끊임없는 훈련이었습니다. 일터 현장에 함께 계신 하나님을 믿음으로 바라보며 의사결정을 해야 했으나 세상과 하나님의 뜻이 충돌할 때는 우선순위를 다르게 택하는 경우도 잦았습니다. 수많은 시행착오를 겪으며 하나님 뜻에 순종하는 법을 어렵게 배워야 했습니다.

이런 와중에 하나님이 끊임없이 불어넣으신 두 가지 열망이 있었습니다. 하나는 평범한 일상에서 일하시는 평범하지 않은 하나님을 바라보는 것이고, 다른 하나는 당신의 섬세한 사랑을 매일 새롭게 체험하는 것이었습니다. 그러나 평범한 일상의 도전들 앞에서 거꾸로 나가려는 제 마음이 곁에 계신 주님을 먹구름처럼 가렸습니다. 주님이 지금 여기 내 곁에 계신다는 사실을 자주 잊었습니다.

경쟁, 속도, 치열한 이윤추구를 중심으로 돌아가는 일터에서 주님 뜻 따라 함께 섬기면서도 서로 갈등하는 교인들을 보고, 고등학교 마치고 미국으로 돌아가 방황하는 두 아들을 지켜보면서 하나님 뜻을 따르며 평안을 누린다는 게 얼마나 어려운지 뼛속 깊이 느꼈습니다.

콜로라도에서 여섯 해 동안 성경말씀으로 저를 훈련시키신 하나님은 이제 평범한 일상에서 말씀 따라 순종하는 도전으로 저를 불러내셨습니다. 참 어려웠습니다.

이 와중에 제 앞에 놓인 하나님의 샘물을 믿음으로 마시지 못하고 심한 갈증과 두려움으로 허둥대며 자주 이 우물 저 우물을 팠습니다. 그러나 거기엔 타는 목을 적실 물이 한 방울도 나오지 않았습니다. 하나님은 이런 제 모습을 두고 이렇게 말씀하셨습니다.

"나의 백성은 두 가지 잘못을 저질렀다. 생수가 솟는 샘인 나를 버리고 갈라져 새기만 하여 물이 괴지 않는 웅덩이를 팠다" 렘 2:13, 공동번역

"명절 끝날 곧 큰 날에 예수께서 서서 외쳐 가라사대 누구든지 목마르거든 내게로 와서 마시라 나를 믿는 자는 성경에 이름과 같이 그 배에서 생수의 강이 흘러나리라 하시니" 요 7:37-38, 개역한글

이런 삶 속에서 때때로 주님이 친히 건네주시는 샘물과 믿음으로 떠 마시는 샘물을 번갈아 맛보았습니다. 그 두 가지 물맛은 서로 달랐습니다. 처음 것은 느낌과 생각과 오감으로 즉시 맛볼 수 있는 달콤한 물이었습니다. 나중 것은 오직 믿음으로 들이켜야 했던 밋밋한 물이었습니다.

그러나 그 밋밋한 물이 다름 아닌 생명의 물, 주님이 빚으신 축제의 포도주로 놀랍게 바뀌곤 했습니다.

낫는 아픔, 껴안고 가야 할 아픔
- 아플 때 붙잡는 은혜

"인자한 자는 자기의 영혼을 이롭게 하고 잔인한 자는 자기의 몸을 해롭게 하느니라" 잠 11:17, 개역개정

The merciful man doeth good to his own soul;
but he that is cruel troubleth his own flesh. Proverbs 11:17, KJV

"무릇 지킬 만한 것보다 더욱 네 마음을 지키라 생명의 근원이 이에서 남이니라" 잠 4:23, 개역한글

Keep your heart with all vigilance, for from it flow the springs of life. Proverbs 4:23, ESB

"이 지긋지긋한 우울증, 단번에 떨어져 나갔으며 좋겠어. 수년 넘게 싸워 왔잖아? 남들은 하나님 사랑이니, 성령 충만이니, 강 같은

평화니 다 받았다는데 난 뭐야? 너무 힘들어. 하루 속히 벗어나고 싶어. 수많은 의사들, 상담, 약물, 회복 프로그램 거쳐 왔잖아. 그런데 그게 그거야. 확실한 치료는 도대체 뭐야?"

우울에서 한시바삐 벗어나고 싶어하는 사람들, 하루라도 보통 사람들처럼 살고 싶어하는 이들이 던지는 한숨 섞인 질문입니다. 몸과 마음이 한결 가벼워지는 약발 좋은 영적 처방전(?)을 기대합니다. 이런 간절한 바람은 아픔과 고통이 그만큼 크다는 반증입니다.

저와 몇몇 사람들처럼 오랫동안 아픔을 안고 사는 이들의 습관적 기대를 잠시 생각해 보았습니다. 교회에서 진행하는 '회복' 프로그램에 들어오면 모든 병과 아픔에서 해방될 거라고 기대하는 건 아닌지, 또 '회복' 사역을 섬기는 이들은 그럴 수 있다고, 아니 그래야 한다고 주장하는 건 아닌지…. 그러나 답은 그리 간단치 않습니다. 두 가지 아픔이 보입니다. 하나는 나을 수 있는 아픔이고, 다른 하나는 평생 안고 가야 할 아픔입니다.

우리가 앓고 있는 병과 고통 중 어떤 것은 하나님이 만지실 때 놀랍게 떠나갑니다. 단번에 또는 거듭 만지신 후에 깨끗이 사라집니다. 하나님 사랑과 진리를 믿음으로 받을 때 대부분 고통에서 벗어납니다. 고달픈 세상살이에서 이런 치유를 경험하는 건 놀라운 은혜입니다. 자비로우신 하나님, 전능하신 하나님을 뜨겁게 체험하는 일입니다.

그러나 어떤 아픔은 그렇지 않은 것 같습니다. 오랜 시간이 흐른 후 낫거나 평생 동안 나았다 말았다 되풀이됩니다. 또는 나아지는 게 전혀 없을 때도 있습니다. 죽을 때까지 안고 가야 할 인간의 실존적 아픔도 있습니다. 태생적 수치심, 두려움, 외로움이 그 예입니다. 이런 아픔을 작은 것이라 말할 순 없겠지요. 이것이 우리를 아프게 하고 근심케 하고 절망케 합니다. 때론 끝없는 밑바닥으로 우리를 처박습니다. 더욱 가슴 아픈 건 사랑하는 주위 사람들에게 고통의 파장이 퍼진다는 사실입니다.

그러나 이런 아픔이 내가 원하는 때에 내가 기대하는 대로 모두 해결되어야만 한다고 떼쓰고 강요하는 건 한 번쯤 생각해 볼 일입니다. 오랫동안 나아지지 않는 아픔 때문에 하나님이 나를 아예 돌보지 않는다거나 내 믿음이 부족하다고 성급하게 판단하는 것도 다시 생각해 볼 일입니다.

이런 때에 할 수 있는 것은 오직 믿음으로 하나님 품에 안기고 당신 얼굴 바라보며 더 자주 얘기를 나누는 것입니다. 오직 믿음으로 하나님의 사랑을 취하고 누리고 나누는 것입니다. 지금 여기서 할 수 있는 작은 일에 최선을 다하면서 오늘이 생애 마지막 날이 될 수 있다는 각오로 사랑을 주고받는 것입니다.

사도 바울은 한평생 '육체의 가시'를 안고 살아갔습니다. 하나님이 고치지 않기로 작정하셨기 때문입니다. 그는 세 번이나 간청하며 낫게 해달라고 기도했습니다. 하나님은 이렇게 말씀하셨습니다.

"오직 내 은혜가 네게 필요한 모든 것이다"(My grace is all you need).

나아지지 않는 네 아픔을 껴안고 살아갈 수 있도록 내가 은혜를 베풀겠다, 네가 버틸 힘과 소망을 늘 주겠다는 뜻인 것 같습니다.

> "나는 그 고통이 내게서 떠나게 해주시기를 주님께 세 번이나 간청하였습니다. 그러나 주님께서는 '너는 이미 내 은총을 충분히 받았다. 내 권능은 약한 자 안에서 완전히 드러난다' 하고 번번이 말씀하셨습니다" 고후 12:8-9, 공동번역

내가 생각하는 유익과 하나님이 생각하시는 유익엔 분명한 차이가 보입니다. 고통이 사라지는 것, 아니면 성품이 바뀌는 것 중 어느 것이 더 우선일까요? 그래서 '이 아픔을 꼭 해결해 주세요'라고 떼쓰기보다 '이를 은혜롭게 껴안고(Gracefully Embracing) 살아가게 해주세요'라고 해야 하지 않을까요?

이런 말 꺼내기가 참으로 조심스럽습니다. 오랜 세월 참기 어려운 병과 고통에 시달리는 형제자매님들에게 무책임하게 들리거나 너무 쉽게 말한다고 여겨질까 봐…. 하지만 우리 둘레에는 현실로 받아들이고 싶지 않은 큰 고통과 재난이 하루가 멀다 하고 일어납니다. 우리 삶이 저주의 사슬에 묶여 있는데 하나님은 뒷짐 지고 계신 것 같습니다. 그래서 때때로 하나님께 대들거나 크게 화를 냅니다.

그러나 전능자 하나님이 펼치시는 회복의 길은 우리 기대와는 사뭇 다른 것 같습니다. 모든 걸 정확히 아시는 하나님만이 우리에게 가장 선한 것이 무엇인지 아십니다. 우리는 하나님의 선하신 과정과 열매를 잘 이해하지 못합니다. 우리는 당장 모르핀을 달라고 하지만 하나님은 때때로 쓸개를 주십니다. 착하고 선한 자녀들을 충격적 사고로 부모 품에서 걷어 가시기도 합니다. 상식적 인과응보의 원리로 도저히 설명할 길 없는 불공평한 일들이 곳곳에서 일어납니다.

하나님의 선한 계획에 따라 고치시지 않는 아픔과 고난이 있습니다. 그러나 어떤 이는 금식, 기도, 안수를 끝없이 되풀이하며 아픔과 고통을 반드시 없애야 한다고 고집합니다. 없어지지 않으면 심한 거절감, 영적 열등감, 죄의식, 수치심을 느낍니다.

그러나 분명한 것은 우리가 어떤 어려움을 겪을지라도 하나님은 '지금 여기'서 늘 우리 곁에 계신다는 사실입니다. 쉬지 않고 우릴 주목하며 보호하고 계십니다. 그뿐인가요? 고난을 뛰어넘는 상(床) 차림, 축제의 자리로 우리를 부르십니다.

"주께서 내 원수의 목전에서 내게 상을 베푸시고 기름으로 내 머리에 바르셨으니 내 잔이 넘치나이다" 시 23:5, 개역한글

그러나 우리는 선뜻 주님이 차리신 성찬의 자리로 들어서지 않

습니다. "나 지금 너무 아파요. 못 가요"라고 툭 쏘아 댑니다. 굳은 표정과 볼멘소리로 투덜댑니다. 기쁘고 즐거운 잔치를 피해 버립니다. 우리의 눈길은 주께서 원수의 목전에서 차려 놓으신 잔칫상보다 원수들의 창과 칼에 꼼짝없이 박혀 있습니다.

몸과 마음이 온전히 회복된 후에야 참 기쁨과 평안을 맛볼 수 있는 걸까요? 아닙니다. 오히려 제 모습이 깊이 파여 있고 흠이 있기에 하나님께서 부어 주시는 위로와 소망과 사랑을 제대로 맛볼 수 있습니다.

나아지지 않는 아픔은 저를 한없이 아래로 끌어내렸습니다. 바로 거기서, 제 실제 모습을 직면한 거기서 하나님이 여전히 쏟아부으시는 사랑에 대한 감사가 터져 나왔습니다. 그래서 벌거벗은 몸 개의치 않고 맨발로 하나님께 달려갔습니다. 거기서 놀라운 하나님을 만났습니다. 세상이 줄 수 없는 사랑, 위로, 평안, 기쁨을 받았습니다.

아픔보다 더 뛰어난 스승이 어디에 있을까요? 제 삶을 돌이켜볼 때 예수님 형상으로 저를 다듬어 가시는 하나님은 때때로 제 마음을 아프게 내려치는 망치와 정(釘)을 두 손에 쥐고 계셨습니다. 풀무 불같이 뜨거운 아픔이 없었다면 그리스도를 닮아 가려는 바람을 스스로 품을 수 있었을까요? 이 못된 성질머리가 조금이라도 바뀔 수 있었을까요?

저에게 가끔 찾아오는 고통스런 시간이 있습니다. 때때로 거센 파도처럼 찾아오는 외로움, 무시당하고 버림받았다는 느낌이 저를 사로잡을 때입니다. 그 느낌은 끔찍합니다. 견디기 어려운 외로움, 열등감, 수치심이 밀려듭니다. 저를 이해하고 돌보는 이가 아무도 없고 오직 혼자 벌판에 팽개쳐진 느낌입니다. 그 끔찍한 느낌은 온몸과 마음을 강하게 사로잡습니다. 어떤 일도 집중할 수 없습니다. 영혼육이 얼어 버립니다.

제 영혼 한복판에서 사로잡히는 실존적 외로움 때문에 가슴과 뼈가 떨립니다. 의심, 초조, 분노, 절망감이 파도처럼 밀려옵니다. 아직도 이 아픔을 회복하는 과정에 서 있습니다. 이럴 때 늘 부르짖습니다. 하나님 얼굴 바라봅니다. 당신 사랑과 돌보심, 그 원래 크기대로 누리게 해달라고 외칩니다. 눈알이 튀어나올 것처럼 아프고 눈자위가 뜨거워집니다. 이런 와중에 가끔씩 타인이 던지는 성급한 판단과 충고, 가르침은 긴 세월 낫지 않고 아려 오는 상처 위에 마구 뿌리는 소금 같습니다.

그러나 제 삶에 파도처럼 밀려오는 아픔은 저를 그리스도의 모습으로 빚어 가는 하나님의 정(釘)과 같습니다. 조각가가 돌을 다듬기 위해 수천 번 정을 두드리듯이 긴 세월이 지나도 나아지지 않는 아픔은 그리스도를 닮아 가는 연습이었습니다. 제가 서 있는 현 주소가 어디이며 가야 할 곳이 어디인가를 일러주는 길잡이었습니다. 이 역설적이고 이해하기 힘든 사실을 깊이 생각해 봅니다.

낫지 않은 상처가 때때로 아려 올 때 가슴으로 느껴지는 하나님 손길 붙잡고 저를 위로하시는 그 말씀을 오직 믿음으로 귀담아 듣습니다. 이 아픔 껴안고 살 수 있도록 때때로 힘 주시는 하나님 얼굴, 그 얼굴 가만히 들여다봅니다.

절망의 옷을 걸친 성경 충만
– 어두운 생각에서 벗어나기 어렵다면

"내가 말하기를 내가 주의 목전에서 쫓겨났을지라도
다시 주의 성전을 바라보겠다 하였나이다
물이 나를 둘렀으되 영혼까지 하였사오며
깊음이 나를 에웠고 바다 풀이 내 머리를 쌌나이다" 욘 2:4-5, 개역한글

"내 영혼아 네가 어찌하여 낙망하며
어찌하여 내 속에서 불안하여 하는고
너는 하나님을 바라라
그 얼굴의 도우심을 인하여
내가 오히려 찬송하리로다" 시 42:5, 개역한글

Why are you downcast, O my soul?

Why so disturbed within me?

Put your hope in God,

for I will yet praise him, my Savior and my God. Psalms 42:5, NIV

위의 두 말씀에서 꼭 같이 볼 수 있는 것은 혼(魂: 생각·감정·의지)을 다스리는 우리의 영(靈)이 하나님을 바라보라고 명령하는 모습입니다. '주의 성전을 바라보겠다'고 외치는 것도 영이요, 불안한 마음을 두고 '너는 하나님을 바라라'고 명령하는 것도 영입니다.

하나님을 믿기 전, 제 영이 죽어 있는 걸 몰랐습니다. 제 생각, 감정, 의지에 불과한 혼을 영혼(靈魂)으로 알고 있었습니다. 한 발 떨어져서 혼에게 명령할 수 없었고 혼이 움직이는 대로 끌려다녔습니다. 결과는 변덕스러운 생각, 감정, 의지에 묶인 고통스러운 삶이었습니다.

주님을 구세주로 받아들인 후 제 영이 살아났을 때에야 혼을 다스리는 영의 실체와 능력을 경험할 수 있었습니다. 아무리 변덕스러운 혼이 때때로 시궁창에 빠져 허우적거려도 주님 안에서 제 영은 혼에게 끌려다니지 않는다는 걸 경험하게 되었습니다. 성령 하나님이 제 영을 온전히 감싸고 있음을 알게 되었습니다.

성령 하나님이 제 안에 든든히 자리잡는 것, 또는 그분이 넘치게 제 영혼을 에워싸는 과정은 처음과 중간과 끝이 있는 것 같습니다.

사람들은 처음을 눈여겨보지 않고 끝만 보려 합니다. 그러나 뿌리 없는 나무가 없듯이 처음 없는 끝은 없습니다.

많은 사람이 사랑, 기쁨, 평안의 느낌, 혹은 눈에 보이는 사실로써 성령 충만을 확인하려 합니다. 그러나 뼈아픈 느낌과 절망감에 속수무책 절어 있어도 자신과 타인이 모르는 가운데 하나님이 인정하시는 성령 충만이 있습니다. 위에 인용한 두 말씀은 그 예들입니다.

'우울로부터 회복'(현 기쁨의 샘) 지원 그룹에 나온 형제님들에게 성령 충만을 어떻게 이해하는지 물었습니다. 한 분은 '하나님과 교통하는 가운데 경험하게 되는 은혜'라 하고, 다른 분은 '찬양의 기쁨, 눈물의 회개'라 했습니다. 과연 그러합니까?

우울증에 시달리는 이들은 은혜로운 모임에서 다른 이들이 맛보는 변화와 기쁨을 보고 심한 좌절에 빠집니다. 다른 사람들처럼 기쁨과 평안을 원하지만 전혀 느끼지 못합니다. 그리하여 더 큰 슬픔과 낙심을 맛봅니다. 성령 충만을 성령의 뜻에 사로잡힌 것으로 이해하지 않습니다. 자신이 느낀 기쁨, 깨달음, 혹은 놀라운 치유와 변화로 이해합니다.

어느 날 모임에서 이것에 대해 자세히 다루었습니다. 한 형제는 자주 이렇게 말합니다. "어두운 생각에서 벗어나기 힘들다. 내 마음은 말씀이 뿌리내리기 어려운 돌밭이다."

저는 제 경험과 묵상에 비추어 이렇게 나누었습니다.

그 마음은 우울증을 앓고 있는 이가 흔히 가질 수밖에 없는 느낌 아닌가요? 솔직히 바라봅시다. 우울이라는 긴 터널에 갇혀 있는 사람은 보통 사람들이 누리는 소소한 사랑, 기쁨, 평안도 쉽게 누릴 수 없습니다. 모임에서 다른 사람들이 갖는 느낌을 똑같이 기대할 수 없지요. 건강한 사람이 목이 말라 시원한 물 한 모금 들이켰을 때 느끼는 상쾌함을, 탈수로 쓰러진 사람도 똑같이 느낄 수 있을까요?

우울에 시달리는 이가 갖는 성령 충만이 과연 무엇인지 깊이 살펴봅시다. 위에 적은 말씀에서 요나와 고라 자손이 가졌던 느낌은 어떤 것인가요? 그들의 느낌과 생각은 절망과 낙심으로 가득 차 있습니다. 그렇다고 그들이 성령 충만하지 않다고 섣불리 생각할 수 있나요?

모임에서 기쁨과 사랑을 넘치게 느끼는 성도들보다 요나와 고라 자손들이 오히려 더 성령 충만하다고 볼 수 있습니다. 제겐 그들이 가진 믿음이 훨씬 더 커 보입니다. 하지만 그 마음에는 기쁨, 평안, 소망을 찾아볼 수 없습니다. 오히려 슬픔, 절망, 불안, 두려움으로 가득 차 있습니다. 소금물에 절인 배추처럼 주눅들어 있습니다.

우울을 앓고 있는 우리는 순간순간 짙은 어둠으로 떨어집니다. 아프고 힘듭니다. 이런 상태에서도 형제님들은 부끄럽고 두려워 주

저주저하면서 금요일마다 모임에 나옵니다. 하나님을 알기 원하고 하나님이 우리 곁에 계시길 바라는 마음으로.

평안이나 소망을 기억하기 어렵고 끔찍한 생각과 느낌에 갇혀 있어도 포기하지 않고 하나님 얼굴 바라보며 걷습니다. 온몸과 마음이 비틀거리지만 그래도 계속 하나님께로 나아갑니다. 이보다 더 확실한 성령 충만이 과연 무엇인가요? 하나님은 여러분을 어떻게 여기실까요? 지금 여기 함께 모인 형제님들을 보니 참으로 성령 충만합니다.

모든 과정을 자세히 살피면 성령 충만의 뿌리는 처음에 있습니다. 중간과 끝은 처음에 이어진 둥치와 줄기입니다. 첫 뿌리 내림이 성령 충만의 90%라고 감히 말씀 드리고 싶습니다. 그런데 그 뿌리 내림의 과정은 끔찍한 생각과 느낌 가운데서 일어납니다. 몸과 마음이 지칠 대로 지치고, 든든한 믿음이 아니라 거미줄같이 여린 믿음 가운데서….
선하신 하나님 손 붙잡고 그분과 함께 절뚝거리며 걷는 걸음이 성령 충만의 첫 걸음입니다. 그것이 성령 충만의 처음이고 중심입니다. 그 단계에서는 스스로 느끼고 확신할 수 있는 소망, 기쁨, 평안 또는 감동 같은 게 별로 없습니다. 그렇다고 성령 하나님이 하고 계신 일을 부인하겠습니까?

요나와 고라 자손이 쏟아놓은 말을 천천히 새겨 봅시다. 성령 충만은 갈등하면서도 하나님 뜻 따라 내딛는 비틀걸음입니다. 느낌이

나 생각이 아닙니다. 고통 가운데 내리는 바른 선택입니다. 여기서 드러난 요나와 고라 자손의 혼은 불안과 절망에 휩싸여 있습니다. 'Why are you downcast, O my soul?'에서의 'Soul'은 우리의 혼입니다. 혼이 가진 느낌은 그들 안에 있는 영과는 코드가 맞지 않습니다. 그러므로 우리 느낌과 생각으로만 성령 충만을 확인하려 한다면 큰 잘못입니다. 그 느낌이 비록 넘치는 사랑, 기쁨, 평안일지라도…. 하지만 지독히 아프고 고통스러운 가운데서도 하나님 바라보며 그 얼굴을 주목할 때, 성령 충만은 이미 시작되었습니다. 혼과 상관없이 영이 바르게 서서 하나님을 바라보고 있기 때문입니다.

처음엔 참 나약해 보입니다. 거미줄 같아서 툭 치면 바로 끊어질 것 같습니다. 큰 고통 중에 시작되는 믿음이기 때문입니다. 그러나 하나님 편에서 보면 이는 삼끈처럼 단단합니다. 자비로우신 하나님은 이 거미줄 같은 믿음을 든든하게 여기십니다. 우리 연약함을 아시기 때문에 나머지는 당신께서 채우십니다. 당신의 자비와 사랑으로 넉넉하게 채우십니다. 연약한 가운데서 내려진 바른 선택은 움직일 수 없는 믿음을 낳고, 하나님은 이를 통해 바다같이 넉넉한 성령 충만을 계속 부어 주십니다. 또 다른 예는 다음 말씀에도 있습니다.

"우리 하나님이여 저희를 징벌하지 아니하시나이까 우리를 치러오는 이 큰 무리를 우리가 대적할 능력이 없고 어떻게 할 줄도 알지

못하옵고 오직 주만 바라보나이다" 대하 20:12, 개역한글

평안과 기쁨은 우리의 생각과 느낌으로 부추길 수 있는 게 아닙니다. 그 처음은 깨어진 우리 모습과 연약함을 인정하고 받아들이는 것에서 시작합니다. 모든 걸 선하신 당신 뜻대로 이끌어 가실 하나님 얼굴을 믿음으로 바라보고 하나님의 영에 사로잡히기로 선택하는 것입니다. 우리 의지를 애써 부추기는 게 아닙니다. 그럴 필요 없습니다. 그저 담담히 걸음을 떼는 것입니다. 하나님 뜻을 선택하며 나아가는 것입니다.

그게 고작 자신이 누워 있던 방에서 나와 잠시 바깥 햇볕을 쬐는 것일지라도, 5분 정도 주님과 함께 걷는 것일지라도 오직 믿음으로 주님 바라보며 나아가는 것입니다.

세상 편에서 보면 거미줄같이 나약한 믿음이지만, 하나님은 이를 크게 보십니다. 우리가 느끼는 절망과 무력함을 솔직하게 고백하고 하나님께로 고개 돌릴 때 당신은 이렇게 말씀하십니다.

"…이 큰 무리로 인하여 두려워하거나 놀라지 말라 이 전쟁이 너희에게 속한 것이 아니요 하나님께 속한 것이니라" 대하 20:15, 개역한글

우리 가슴이 아닙니다. 하나님 가슴으로 싸울 때입니다. 지원 그룹에 모인 옆 사람 가슴에도 기댈 수 없습니다. 이기심, 교만, 거짓으로 더럽혀져 있기 때문입니다. 하나님 가슴에 기대지 않고서는 캄

캄캄한 동굴을 빠져나올 수 없습니다.

"나 여호와가 말하노라 너희를 향한 나의 생각은 내가 아나니 재앙이 아니라 곧 평안이요, 너희 장래에 소망을 주려 하는 생각이라"
렘 29:11, 개역한글

지금 여기서 어두움과 낙심에 처한 형제님들에게 하나님은 뜨거운 가슴으로 바로 이 말씀을 토하십니다. 우리 가슴이 아닌 하나님 가슴으로 이 말씀을 새겨 봅시다. 쉬지 않고 우리 영혼을 찌르는 슬픔과 절망, 어두운 생각들을 이 말씀으로 비춰 보기 바랍니다. 그때에야 비로소 우리는 하나님 손을 바투 잡고 휘청거리는 다리를 가까스로 세워 한 걸음씩 앞으로 나아갈 수 있습니다.

그러나 모르핀을 찾는 중독자처럼 지금 여기서 모든 아픔을 아주 없애 달라고 요구한다면 슬픔과 좌절이 더할 수밖에 없습니다. 이 땅은 간혹 아름다워 보일지라도 천국은 아닙니다. 죄로 물든 곳입니다. 평안과 기쁨은 잠시 있다가도 안개처럼 사라집니다. 파도처럼 밀려오는 낙심과 절망을 애써 피하려는 대신 고통의 한복판에서 하나님 약속과 소망 가운데 하나님 얼굴을 바라보는 게 어떨까요?

우리 생각과 느낌이 메마르고 황폐하여 우리를 늘 속일지라도 하나님 약속을 가슴으로 받아들이고 고마워하는 게 어떨까요? 지극히 당연하고 작게 보일지라도 메마른 광야 안에서 하나님이 쉬지 않고 부어 주시는 위로와 평안을 고마워하는 것입니다. 약해 보일지라도 성령을 따른 선택입니다. 자신만만한 의지나 느낌으로 택한 게 아닙니다.

하나님 말씀 읽을 때 우리에게 친히 말씀하시는 당신의 가슴을 만져 봅시다. 왜 지금 이 말씀을 여러분에게 주시는가? 믿음으로 하나님 뜻을 살펴 가며 그분께 한 걸음씩 나아갑시다. 혹시 이런 생각이 드나요? '하나님 말씀을 믿음으로 받을 만한 영성이나 지혜 같은 건 내게 없어. 성령님이 도우시는 것도 잘 모르겠고. 게다가 말씀 읽을 힘조차 없어. 이 깊은 늪에서 악어 떼처럼 설치는 어두운 생각에 맞서기도 힘든데 어떻게 말씀을 묵상할 수 있어?'
그러나 하나님은 전혀 다르게 말씀하십니다.

"주께서 나의 등불을 켜심이여 여호와 내 하나님이 내 흑암을 밝히시리이다 …내 하나님을 의지하고 담을 뛰어넘나이다" 시 18:28-29, 개역한글

하나님께서 닫혔던 우리 문을 열고 어두운 방 안으로 뚜벅뚜벅 걸어 들어오십니다. 바스러진 심지를 손수 걷어 내십니다. 새 심지를 돋우고 여러 날 꺼져 있던 등불을 환히 켜십니다. 우리를 죽음으로 내몰던 거짓말과 거짓말쟁이는 한순간에 사라집니다. 이제 우리는 더 이상 파리한 얼굴 떨구고 웅크리지 않습니다. 말씀이라는 칼

과 믿음의 방패를 들고 적진으로 달려갑니다. 오직 믿음으로, 느낌이 아닌 선택으로, 하나님 뜻을 따른 선택으로.

우울을 앓으며 지금껏 체험했습니다. 머리 안에만 집어넣은 하나님 말씀은 아무 도움을 주지 못했습니다. 달콤하고 평안하고 부푼 느낌으로 확인하려 했던 진리는 안개처럼 사라졌습니다. 느낌이나 생각과 상관없이 고통 한가운데서 하나님 뜻을 좇아 선택할 때 휘청거리는 무릎 간신히 세울 수 있었습니다. 어두운 생각과 느낌이 끈질기게 이 선택을 비웃을지라도.
어두운 생각이나 느낌과는 다른 선택, 이것이 올바른 의지였습니다. 흔히 얘기하는 굳센 의지 또는 열정에 찬 의지가 아니었습니다. 나약하지만 하나님을 향해 고개 돌리는 선택이 때론 제가 할 수 있는 전부였습니다. 이렇게 선택할 때 하나님은 필요한 능력과 믿음과 지혜를 주셨습니다.

그렇게 시작된 성령 충만은 빠르든 늦든 때가 되면 사랑, 평안, 기쁨, 오래 참음 등 성숙한 열매를 맺었습니다. 그때엔 우리 생각과 느낌도 이 향기를 넘치게 맡게 됩니다. 물가에 심은 나무가 시절 따라 열매를 맺는 때는 그 아래에 있는 뿌리와 둥치가 든든히 선후입니다.
연약하고 의심 많은 가운데서 휘청거리며 붙잡은 하나님의 약속, 끔찍이 아파하고 정신 없이 갈등하던 때에 뿌리 내린 믿음이지만,

거기서 자란 든든한 뿌리는 건강한 둥치와 푸른 가지를 키워 냅니다. 그 나무는 나중에 울창한 잎사귀와 무성한 열매를 드러냅니다. 성령의 선한 열매는 무르익고 그 향기는 멀리까지 퍼집니다. 그때에 우리 생각과 느낌은 우리가 선택한 것과 일치하게 됩니다. 우리는 비로소 사랑, 기쁨, 평안, 오래 참음을 누리게 됩니다.

구워 낸 떡과 물 한 병
-일상에서 주어진 질서 안의 선물

"그리고 나서 엘리야는 싸리나무 덤불 아래 그대로 누워 잠들었다. 그때 하늘의 천사가 나타나 흔들어 깨우면서 '일어나서 먹어라'고 말하였다. 엘리야가 깨어 보니 머리맡에, 불에 달군 돌에 구워 낸 과자와 물 한 병이 놓여 있었다. 그는 음식을 먹고 또 물도 마셨다. 그리고는 다시 누워 잠이 들었다. 야훼의 천사가 다시 와서 그를 흔들어 깨우면서 '갈 길이 고될 터이니 일어나서 먹어라' 하고 말하였다. 엘리야는 일어나서 먹고 마셨다. 그는 음식을 먹고 힘을 얻어 사십 일을 밤낮으로 걸어 하느님의 산 호렙에 이르렀다"

왕상 19:5-8, 공동번역

목요일 저녁 우리는 '우울로부터 회복' 지원 그룹에 모입니다. 거

기서 일주일 동안 살아간 얘기를 나눕니다. 쑥스런 마음 애써 추스
르며 주저하면서도 좋든 나쁘든 마음 안에 오가는 느낌과 생각을
나눕니다. 할 수 있는 데까지 솔직하게…. 한동안 침묵이 흐릅니다.

"오늘 형제님들 나눠준 이야기, 듣기에 참 가슴 아픕니다."

"……."

"그래도 세수하고 이곳에 오실 수 있다는 게 우리에겐 기적 같은
일이고 하나님 은혜라고 생각합니다."

하루하루 숨쉬는 것조차 벅찬 형제님들에게 절망감과 두려움은
이집트 군대처럼 쫓아옵니다. 살아 있다는 사실이 지긋지긋합니다.
수년 넘게 이런 아픔 겪는 형제님들이 3분의 1쯤 됩니다.

이렇게 어려운데도 세수하고 머리 빗고 이곳에 모여 있는 우리,
저는 이 모습에서 갈라진 홍해를 건너가는 이스라엘 민족을 봅니
다. 세찬 바람이 깊은 바다를 양쪽으로 쪼개어 갈라 세우고 가파른
물벽을 이룬 홍해 한가운데로 하나님이 택한 백성들이 절뚝거리며
지나갑니다. 믿음 없이는 절벽처럼 높이 선 물벽 사이를 걸어갈 수
없습니다. 한순간 물벽이 무너져 그들을 삼킬 것 같기에.

하나님이 하신 많은 일 가운데 우리가 세수하고 이곳에 모인 건
작은 일이고 홍해가 갈라진 건 큰 일이라고 누가 감히 말할 수 있겠
습니까? 아픔을 견디지 못해 목숨을 스스로 끊는 일이 흔한 요즘,
그래도 연약한 마음과 몸을 이끌고 이곳에 모인 게 결코 예삿일은
아닙니다. 자비로우신 하나님의 보살핌이고 이끄심이고 끝없는 사

랑입니다.

이번 주 묵상 제목은 '소망이라는 선물을 받아들이기'였습니다. 한 형제님이 말합니다.

"이번 주 말씀을 묵상하며 알게 되었어요. 선물을 마련하기가 어려운 게 아니고 그걸 받아들이기가 어렵다는 걸."

그 말에 공감합니다. 선물은 하나님이 챙기십니다. 우리가 마련하는 게 아닙니다. 그래서 어렵지 않습니다. 그러나 선물을 고맙게 받아야 할 우리가 아주 까다롭습니다. 자주 투덜댑니다.

"이게 제가 원하던 건가요, 하나님? 제가 필요한 건 이런 흔한 게 아니라 저거예요. 이거 정말 하나님이 주신 거 맞아요? 아닌 것 같은데, 이건 그냥 우연히 제 앞에 놓인 거겠지요."

수년 전 콜로라도에서입니다. 기억하기조차 싫은 우울증을 앓을 때 제 곁에 자주 함께 있어 준 외과의사가 있었습니다. 고길산 님. 그분은 별 말씀이 없었습니다. 외과라 밤에도 호출이 잦았습니다. 바쁜 중에도 밤에 자주 제 집에 들렀습니다. 곁에 있어 주는 것 외에 특별히 하는 게 없었습니다. 복음을 얘기하는 일조차 조심스러워했습니다.

그때 저는 우울로 인해 지칠 대로 지쳤고 소망은 사라졌습니다. 회복할 거라는 기대는 이미 포기했습니다. 제대로 먹지 못하고 잠을 이루지 못해 몸은 가늘어졌습니다. 그분 권유로 포트콜린스(Fort Collins)에 있는 이든벨리(Eden Valley) 요양소로 갔습니다. 거기서 만난 분들은 대부분 암이나 불치선고를 받은 사람들이었습니다. 그들과 함께 산나물 먹고 물 마시고 산길 걷고 하나님 말씀 들었습니다. 좋았습니다. 그러나 "내가 왜 이런 병자들과 같은 취급을 받아야 하는 거야?"라고 투덜댔습니다.

지금 다시 그때를 되돌아보니 하찮게 보이던 그 모든 것이 하나님의 섬세한 사랑이었습니다. 당신께서 제게 주신 '구워 낸 떡과 물 한 병'이었습니다.

우울로 고생하는 분들이 자주 이렇게 말합니다. "성령 충만했으면 좋겠어요. 하나님 음성 듣는 것도요. 하나님과 더 가까워지고 싶어요. 그렇게만 되면 우울증은 씻은 듯이 사라질 텐데."

그래서인지 평범한 하루 중에 숱하게 오가는 하나님 선물을 소홀히 여길 때가 많습니다. 일상에서 주어진 '구워 낸 떡과 물 한 병'은 하나님께서 친히 주신 게 아니라고 생각하기 쉽습니다. 하찮게 여기거나 당연히 있어야 할 것으로 생각합니다. 사람과 환경을 통해 일상의 질서 안에서 하나님이 자상하게 돌보시는 걸 무시합니다.

그러니 어찌 감사할 수 있을까요? 감사가 없으니 평안과 기쁨도 없습니다. 더 나은 소망을 주시려는 하나님 계획을 굳이 물으려고도 하지 않습니다.

엘리야가 하나님께 기도했을 때 하늘에서 불이 내려와 물로 가득한 제단을 삼켜 버리는 기적만이 하나님께서 친히 하신 일이라고 생각합니다. 내 주린 배 채우시려고 이웃의 손을 통해 하나님께서 건네주신 떡과 타는 목 축이기 위해 가져온 물 한 병은 흔해빠진 하찮은 거라 생각합니다. 이것이 하나님의 선하신 질서 안에서 일어난 기적, 곧 관계의 기적임을 인정하지 않습니다. 지금 내게 절실히 필요한 것이 주어졌는데도 오직 성령 충만을 거듭 청합니다.

그러나 구워 낸 떡, 물 한 병을 하나님 것이 아니라고 여겨 고맙게 받아먹지 않는다면 과연 하나님을 만나게 될 호렙산으로 40일 밤낮 계속 달려갈 수 있을까요? 거기서 그분을 뵐 수 있고 그곳에 성령님 오셔서 하나님 음성 들려주실 텐데 말이에요.

제가 아플 때 아내 앞에서 공연히 반찬투정을 가끔 했습니다. 그러나 실제 이유는 밥 먹는 게 고역이었기 때문입니다. 그러든 말든 상관 않고 아내가 제때 차려 내는 밥상, 이웃이 찾아오는 것, 그들이 들려주는 재미있는 이야기, 아이들 웃음소리, 코스모스 웃는 얼굴, 까치들 노랫소리, 가까운 자매님이 손수 만들어 온 호박빵, 함께 마시는 차, 함께 나누는 웃음… 이 모든 것이 하나님이 보내 주신 구워 낸 떡과 물 한 병임을 뒤늦게야 깨달았습니다. 홍해를 가른 것과 조금도 다르지 않은 하나님 사랑, 하나님의 기적이라는 걸…. 일상 중에 차려지는 평범한 음식과 마실 것들이 엘리야를 여러 사람 앞에 높이신 하늘의 불과 조금도 다르지 않습니다.

평범한 일상에서 지극히 평범한 모습으로 주어지는 하나님의 세

심한 선물이 하나님의 질서 안에서 일어나는 일상의 기적임을 알고 고마워할 때, 우리를 향하신 참사랑과 기쁨을 체험할 수 있습니다.

우리는 지금 어떤 훈련을 받고 있나요? 평범한 하루 속에서 하나님이 부어 주시는 평범하지 않은 사랑과 선물을 알아채고 감사하는 것 아닐까요? 하나님의 사랑과 선물에 고마워하며 더 나은 소망을 품고, 우리를 보살피시는 하나님의 뜻을 이해하면서 우리 뜻과 삶을 점점 더 하나님께 맡기는 것 아닐까요?

"하나님, 하루라도, 단 하루라도 보통 사람처럼 사는 날이 올 수 있다면 얼마나 좋을까요? 아주 작은 것이라도 그들이 누리는 평안, 제게 좀 나눠 주세요."

극심한 우울증으로 시달릴 때 자주 통곡하며 하나님께 드린 간구입니다. 그러나 지금 드리는 기도는 조금 달라졌습니다.

"하나님, 평범한 하루 속에서 주어지는 하나님의 비범한 사랑, 그것을 하나님 크기대로 알고 누리고 나눌 수 있기 원합니다. 이전에 알지 못했고 상상할 수 없었던 원래 크기로 하나님 사랑을 하루하루 새롭게 발견하기 원합니다. 이것을 마음껏 누리고 이웃과 나누고 싶습니다. 오직 믿음으로 당신께서 친히 구워 내신 빵을 먹고 당신께서 친히 길어 올리신 샘물 마시며 거기에 담긴 당신 사랑의 깊이와 높이와 넓이를 매일 새롭게 확인하고 싶습니다."

성령의 능력과 성령의 열매
- 고통, 보석을 담은 나무 상자

짧지 않은 회복의 길 걸어가며 우리는 서서히 변화됩니다. 삶에서 우리가 힘써 구해야 할 게 무엇입니까? 성령의 능력인가요, 성령의 열매인가요? 성령의 능력과 성령의 열매, 이 둘의 차이가 무엇인지 말씀드립니다.

성령의 능력은 하나님의 능력입니다. 그 능력은 하나님이 우리에게 거저 주시는 겁니다(치유, 기적, 예언, 방언, 가르침, 섬김 등, 고전 12장).

이와 달리 성령의 열매는 하나님이 우리 안에서 함께 일구어 가시는 성품 변화입니다(성령의 9가지 열매-사랑, 기쁨, 평안, 오래 참음, 자비, 양선, 충성, 온유, 절제, 갈 5:22).

성령의 능력만을 지나치게 바란 나머지 그 열매를 소홀히 하는 경우를 가끔 봅니다. 성령의 열매를 열망하지 않고 그 능력을 앞세울 때 많은 혼란과 다툼, 영적 학대가 일어납니다. 이와 달리 성령의 열매에 바탕을 둔 능력은 우리 안에서 참된 사랑과 회복을 키워 갑니다.

성령의 능력은 하나님의 선한 계획에 따라 조건 없이 우리에게 주어집니다. 또한 당신 뜻대로 언제든 거둬 가실 수도 있습니다. 반면 성령의 열매는 하나님 사랑에 반응하여 달라진 우리 속사람의 모습입니다. 성령의 열매는 하나님의 이끄심과 우리의 순종이 연합한 열매입니다. 우리의 순종을 따라 하나님이 빚어 가시는 걸작품입니다.

성령의 능력이나 은사에 대해 잘못 생각하는 경우를 자주 봅니다. 성령의 능력이 언제나 영적 성숙 또는 경건에 비례한다고 생각하는 것입니다. 성숙에 비례하는 경우가 있지만 그와 상관 없이 주어지는 경우도 많습니다.

지난날을 되돌아볼 때 하나님은 신앙생활 초기에 분에 넘치는 사랑과 관심과 기적을 많이 베푸셨습니다. 은사와 은혜 또한 아무 조건 없이 부어 주셨습니다. 치유, 기적, 예언, 방언, 지혜, 가르침 등이 영적 성숙과 상관없이 주어지는 것도 같은 맥락입니다.

나중에야 이 능력들은 하나님과의 연합을 향한 길고 긴 나그네 길에서 거저 주어진 힘이요, 도움이라는 것을 깨닫게 되었습니다. 그런데 저를 포함하여 꽤 많은 사람들이 성령님으로부터 주어진 능력을 영적 성숙의 결과라고 오해하고 있습니다. 우리가 안심할 수 있는 성숙이 과연 있을까요? 제 경험에 비추어 보면 성숙이 아니라 선택이 있을 뿐입니다. 잘못된 선택으로 한순간에 절벽으로 떨어질 수밖에 없는 죄성이 늘 제 안에 있습니다.

사울왕을 보면, 하나님은 그를 이스라엘 왕으로 기름 부으시고 성령의 감동과 능력을 주셨습니다. 또한 사무엘이라는 귀한 선지자, 곧 든든한 지원자도 곁에 두셨습니다.

"이에 사무엘이 기름병을 취하여 사울의 머리에 붓고 입맞추어 가

로되 여호와께서 네게 기름을 부으사 그 기업의 지도자를 삼지 아니하셨느냐" 삼상 10:1, 개역한글

"그가 사무엘에게서 떠나려고 몸을 돌이킬 때에 하나님이 새 마음을 주셨고 그날 그 징조도 다 응하니라 그들이 산에 이를 때에 선지자의 무리가 그를 영접하고 하나님의 신이 사울에게 크게 임하므로 그가 그들 중에서 예언을 하니" 삼상 10:9-10, 개역한글

하나님은 이같이 성령의 능력으로 사울을 완전 무장시키셨습니다. 이스라엘 왕이 되기에 조금도 부족하지 않게 하셨습니다. 그러나 위기 때마다 성령의 능력을 입은 사울은 어떤 길을 택했습니까? 이를 자세히 살펴 우리 삶을 비춰 보아야 할 것입니다. 능력은 받았으나 성령의 열매를 맺지 못한 무리에게 주님은 이렇게 말씀하셨습니다.

"그날에 많은 사람이 나더러 이르되 주여 주여 우리가 주의 이름으로 선지자 노릇하며 주의 이름으로 귀신을 쫓아 내며 주의 이름으로 많은 권능을 행치 아니하였나이까 하리니 그때에 내가 저희에게 밝히 말하되 내가 너희를 도무지 알지 못하니 불법을 행하는 자들아 내게서 떠나가라 하리라" 마 7:22-23, 개역한글

한두 번 경험한 은혜와 회복으로는 하나님에 대한 순종이 제대

로 서지 않았습니다. 하나님이 거듭 저를 만지시고 거기에 대해 제가 고마운 마음으로 반응할 때 순종이 뿌리내리고 성령의 열매가 서서히 맺히기 시작했습니다.

불법을 행하는 자들은 탐욕과 이기심 때문에 하나님 뜻을 쉽게 저버립니다. 하나님 뜻보다 자기 욕심을 앞세웁니다. 그러다가 어느새 습관처럼 굳어 버립니다. 하나님 사랑에 감동하여 마음을 바꿀 뜻이 전혀 없는 지경에까지 이릅니다.

사도 바울은 고린도전서 12장에서 성령의 은사를 자세히 설명합니다. 그리고 마지막으로 13장에서 다음과 같이 말합니다.

> "내가 사람의 방언과 천사의 말을 할지라도 사랑이 없으면 소리 나는 구리와 울리는 꽹과리가 되고 내가 예언하는 능이 있어 모든 비밀과 모든 지식을 알고 또 산을 옮길 만한 모든 믿음이 있을지라도 사랑이 없으면 내가 아무 것도 아니요 내가 내게 있는 모든 것으로 구제하고 또 내 몸을 불사르게 내어 줄지라도 사랑이 없으면 내게 아무 유익이 없느니라" 고전 13:1-3, 개역한글

사랑 없는 능력, 곧 성품 변화 없는 능력이 얼마나 헛된 것인가를 얘기합니다. 저의 경우 성품 변화는 대부분 고난이라는 풀무불 훈련을 통해서만 가능했습니다. 제 성품이 하나님의 은혜만으로 바뀌기는 매우 어려웠습니다.

성령의 능력, 성령의 은사, 하나님의 은혜는 우리를 돌보시는 하나님의 사랑을 눈에 띄게 드러냅니다. 이것은 마치 사랑하는 부모님이 자녀에게 값없이 조건 없이 넘치게 부어 주는 선물과 같습니다. 그러나 그것만으로는 제 속사람이 주님 모습으로 바뀌지 않았습니다. 제 이마가 놋처럼 단단하고 제 목이 무쇠처럼 뻣뻣하기 때문입니다.

"내가 알거니와 너는 완악하며 네 목의 힘줄은 무쇠요 네 이마는 놋이라… 보라 내가 너를 연단하였으나 은처럼 하지 아니하고 너를 고난의 풀무에서 택하였노라" 사 48:4, 10, 개역한글

하나님이 일찍이 이스라엘 왕으로 지목하고 기름 부으신 다윗도 여러 해 동안 들판에서 쫓기는 신세로 살았습니다. "이는 내 사랑하는 아들이요 내 기뻐하는 자라" 선포하시고도 하나님은 예수님을 광야의 시험장으로 내보내셨습니다. 열 가지 재앙으로 이집트를 치고, 홍해 바다로 이집트 군대를 수장시키며 이스라엘을 건져 내셨어도 하나님은 그들을 마흔 해 동안 빈 들판으로 떠돌게 하셨습니다.

사도 바울이 왜 성령의 은사를 사모하라고 했나요? 회복의 먼 길에서 성령의 능력이 필요하기 때문입니다. 능력이 없으면 쓰러진 무릎을 곧게 세울 수 없습니다. 그리스도의 몸을 건강하게 세울 수도 없습니다. 이러한 능력은 대부분 우리의 영적 뼈대와 근육이 허

약할 때 주어지는 걸 많이 보았습니다.

하지만 성령의 능력이 우리 목표가 아닙니다. 그 능력은 순전히 하나님 것입니다. 그 능력에 우리가 어떻게 반응하는가가 중요합니다. 반응은 우리 몫, 곧 우리 것입니다. 하나님 가슴에 반응하며 사랑을 나눌 것인가, 아닌가? 하나님 뜻 따라 성령의 은사를 사용할 것인가, 아닌가? 이것이 우리가 책임져야 할 선택입니다.

참된 성품 변화는 대부분 저 자신이 깨어지고 부서지고 자아와 자존감이 끝없이 추락하는 가운데서 순종의 갈등 겪어가며 오직 믿음으로 하나님 손 붙잡을 때 가능했던 것을 지금껏 체험했습니다.

성령의 능력만을 바라고 성품의 변화를 가벼이 여길 때 사울왕이 걸어간 길에 들어서게 됩니다. 나중에 하나님이 제 삶을 셈하실 때 당신께서 주신 능력이 아니라 제가 맺은 열매를 보실 것입니다. 그러므로 성령의 열매를 맺기 위해 우리에게 허락된 고통과 아픔은 주님의 구원 다음으로 값진 선물이 될 수 있습니다. 주님 십자가에는 고난과 구원, 심판과 사랑이 하나로 엮여 있습니다. 우리에게 주어진 고난은 우리 반응에 따라 성품의 변화, 곧 성령의 열매를 맺을 수 있는 놀라운 기회를 열어 줍니다.

하나님이 자랑하는 면류관은 제 안에서 다듬어지는 속사람, 곧 성령의 열매입니다. 이 속사람은 하나님 뜻을 따르는 가운데 하나님이 빚어 가시는 작품입니다. 선하신 뜻 따라 선하게 반응한 결과입니다. 지금 제 안에서 자라야 할 온유, 겸손, 사랑, 오래 참음은 참으로 보잘것없습니다. 그러나 이만큼이라도 키워 온 밑거름은 정직하게 겪은 갈등과 고통이었습니다. 하나님이 허락하신 고통을 소중한 선물로 받아들여야겠습니다.

단기 치유와 장기 회복
― 하나님의 쓴잔 단잔, 치유의 명약

우리는 뭐든지 '빨리빨리'를 요구합니다. 병원 의사들에게 바라는 것도 빨리 고치는 것이고, 초대형 국책사업도 빨리 마치길 원합니다. 하물며 몸과 마음이 참기 어려운 아픔을 겪는 이들이야 오죽하겠습니까? 이와 같이 아픔도 빨리 사라지길 원합니다. 부흥 집회, 치유 집회, 기도원 모임에 사람들이 구름처럼 모여드는 것도 이 같은 속전속결을 바라는 아우성 때문인 것 같습니다.

자비롭고 전능하신 하나님은 이러한 빨리빨리를 들어주실 수 있습니다. 그래서 그렇게 고쳐 주시는 사례도 많습니다. 그러나 우리가 원하는 때에 고쳐지지 않는 예도 적지 않습니다. 어려운 문제입니다. 왜 그럴까 오랫동안 고민해 보았습니다. 거기서 얻은 결론은 우리는 성품이야 어찌됐든 치유를 중요하는 반면, 하나님은 당장의 치유보다 성품 변화를 더 중시하신다는 사실입니다.

예수님이 10명의 나병환자를 고치셨을 때 단 한 사람, 그것도 이방인 혼자만 가던 길 돌이켜서 예수님께 다가왔습니다. 그러고는 엎드려 고맙다고 말씀드렸습니다.

'누가 진정 안팎이 회복된 사람인가? 누가 참된 기쁨을 누리는 길로 들어섰는가? 누가 과연 하늘나라에서 하나님과 참된 사랑을 나눌 수 있는가?'

회복 사역을 섬기며 이를 깊이 생각하지 않을 수 없었습니다. 왜냐하면 이 모임에 참여하는 이들은 대부분 오랜 세월 고통받고 있는 분들이기 때문입니다. 이런 생각이 들었습니다.

'회복을 바라는 성도님은 진정 무엇을 바라며, 섬기는 이들은 무엇을 기대할까? 진정한 회복은 주님이 말씀하신 참사랑과 자유를 향해 날개를 활짝 펴서 높이 날아오르는 것이 아닐까?'

다음에서 '단기 치유와 장기 회복'의 비교를 통해 우리가 궁극적으로 추구해야 할 회복이 무엇인지 살펴봅니다. 하나님은 단기 치유와 장기 회복을 함께 이끌며 우리를 그리스도의 모습으로 빚어 가시는 것 같습니다.

단기 치유	장기 회복
예: 내적 치유, 트레스 디아스(Tres Dias) 등	예: 기쁨의 샘, 다양한 치유 공동체 등
단기적(우리 요구와 맞음)	장기적(우리의 믿음과 인내를 요구함)
링거 주사(투약)	뼈대와 근육강화(면역성 강화)
혼수상태 → 평균적 건강	평균적 건강 → 하나님이 지으신 모습
일시적 완화 (Temporary Relief/Feel Better)	성품 변화 (Character Change/Get Better)
격리된 장소에서(예루살렘)	평범한 일상에서(갈릴리)
흥분된(Exciting, ex. 카푸치노, 커피)	평범한(Common, ex. 숭늉)
성령 세례(다시 태어남)	성령 충만(사랑, 희락, 화평, 오래 참음 등)
하나님을 만남(하나님과의 동행 준비)	하나님과 산책(에녹처럼 하나님과 동행)
하나님 은혜 받기	하나님 사랑에 반응하기
살아계신 하나님 경험	경험된 하나님과 함께 살아감
아름답고 고요한 곳에서 하나님을 만남	남대문 시장에서 하나님을 만남
유격 훈련	최전방 실전
과거의 치유	현재와 미래 삶의 변화
치유받은 10명의 나병환자 중 1명이 예수님께 감사드림	"이제는 눈으로 주를 뵈옵나이다." (욥 42:5)

회복 사역은 욥의 여정과 비슷해 보입니다.

"여호와께서 사단에게 이르시되 네가 내 종 욥을 유의하여 보았느
냐 그와 같이 순전하고 정직하여 하나님을 경외하며 악에서 떠난
자가 세상에 없느니라" 욥 1:8, 개역한글

하나님은 이러한 욥에게 왜 끔찍한 시련을 허락하셨을까 생각해
봅니다. 하나님을 경외하며 악에서 떠난 욥을 왜 흔들었어야 했을
까요?

"모태에서 빈 손으로 태어났으니, 죽을 때에도 빈 손으로 돌아갈 것
입니다 주신 분도 주님이시요, 가져가신 분도 주님이시니, 주의 이
름을 찬양할 뿐입니다" 욥 1:21, 표준새번역

"그 후에 욥이 입을 열어 자기의 생일을 저주하니라" 욥 3:1, 개역한글

"너는 대장부처럼 허리를 묶고 내가 네게 묻는 것을 대답할지니라"
욥 38:3, 개역한글

"내가 주께 대하여 귀로 듣기만 하였삽더니 이제는 눈으로 주를 뵈
옵나이다" 욥 42:5, 개역한글

"여호와께서 욥을 기쁘게 받으셨더라" 욥 42:9, 개역한글

위의 성경 내용을 토대로 욥이 거쳐간 훈련과정을 요약하면 이렇습니다.

> 하나님께서 인정하신 의인 → 풀무불 훈련 → 참기 어려운 고통을 처음엔 인내하며 받아들였으나 고통이 지속되자 주어진 생명을 저주 → 하나님이 욥에게 여러 가지를 물으심 → 유구무언(有口無言)이 된 욥은 자신의 무지를 인정하고 하나님의 지혜와 권능을 인정 → 하나님이 욥에게 이전보다 배로 복을 주심

하나님이 처음부터 인정한 순전하고 정직한 욥이었지만, 그가 온전한 회복과 하나님과의 연합을 이루기 위해서는 드러나지 않았던 내면의 어둠을 정직하게 직면해야 했습니다. 목숨이 붙어 있음을 한탄하고 자기가 태어난 날을 저주하는 그 밑바닥까지 내려가야 했습니다. 거기서 그는 비로소 자신의 실제 모습이 얼마나 비참한지, 그를 돌보시는 하나님의 자비와 능력이 얼마나 크나큰지 깨닫게 됩니다.

온전한 회복은 어떤 특별한 영적 처방전으로 얻을 수 없습니다. 철저히 부서져 바닥까지 내려간 자기 모습에 절망하여 자비로운 하나님께 도와달라고 부르짖으며 팔을 한껏 내뻗는 것, 그리고 거듭

해서 내 무력함을 인정하고 오늘 여기 매순간 하나님 뜻에 삶을 맡기는 것이 온전한 회복이라 할 수 있습니다.

타락한 세상에서 인간의 몸을 입고 사는 동안 단 하루도 안심할수 있는 성숙 단계는 없는 것 같습니다. 한순간 잘못된 선택으로 순식간에 나락으로 떨어질 수 있습니다. 그때마다 저는 하나님의 자비와 도움을 믿음으로 간구해야 하는 불쌍한 사람입니다. 흔들리지않는 성숙함을 갖추기는 불가능한 것으로 보입니다. 오히려 순간순간 바른 선택이 우리가 취할 수 있는 선한 행동입니다.

회복의 길에서 절뚝거리며 걷는 제가 하나님의 눈에는 너무나 존귀하게 보입니다. 그 이유는 저라는 질그릇 안에 저를 살리시는 그리스도의 생명이 담겨 있기 때문입니다. 하나님 사랑에 응답하기 위해주어진 것에 최선을 다할지언정 스스로 완전함을 이루려는 헛된 야망을 품지 않아야 합니다. 육신을 입은 저의 한계를 인정하고 제가 해야 할 일과 하나님이 하실 일을 겸손하게 분별해야 할 것입니다.

이와 같이 원수들이 벌떼처럼 에워싸고 있는 복잡한 삶에서 오늘도 여전히 저는 축배의 잔을 주님과 함께 높이 들 수 있습니다.

"주께서 내 원수의 목전에서 내게 상을 베푸시고 기름으로 내 머리에 바르셨으니 내 잔이 넘치나이다 나의 평생에 선하심과 인자하심이 정녕 나를 따르리니 내가 여호와의 집에 영원히 거하리로다"
시 23:5-6, 개역한글

우리 한계를 인정하고 스스로 완전해지려는 노력도 내려놓고 하나님이 허락하신 단잔 쓴잔을 순순히 받아 마시는 것, 하나님이 순간순간 채워 주시는 평안, 기쁨, 사랑의 잔을 이웃과 함께 감사하며 높이 들어올리는 것이 육신을 입고 살아가는 우리가 오늘 취할 수 있는 진정한 순종이 아닐까요?

옛사람, 새 사람
- 나는 지금 어디에 서 있는가?

"내가 그리스도와 함께 십자가에 못박혔나니 그런즉 이제는 내가 산 것이 아니요 오직 내 안에 그리스도께서 사신 것이라 이제 내가 육체 가운데 사는 것은 나를 사랑하사 나를 위하여 자기 몸을 버리신 하나님의 아들을 믿는 믿음 안에서 사는 것이라" 갈 2:20, 개역한글

미국에서 서울로 돌아온 후 일터와 교회에서 여러 사람을 만났습니다. 특히 발가벗은 자신을 여과 없이 드러내는 회복 사역에서 만난 사람들 사이의 친밀함은 남달랐습니다. 그만큼 서로에 대한 신뢰와 기대가 컸습니다. 그러나 타인에게 기대해서 안 될 것이 있었습니다. 끊임없이 사랑받고, 인정받고, 존중받는 것입니다. 또한 타인에게 해서는 안 될 일도 있었습니다. 억지로 요구하고 은밀하

게 조종하는 일입니다.

에덴을 떠난 제 영혼은 참사랑에 굶주린 나머지 저 자신을 변함없이 인정하고 사랑해 줄 타인을 찾고 있었습니다. 하나님 뜻을 떠나 저를 중심으로 요구하고 조종하며 하나님만이 채우실 수 있는 빈 공간, 제 가슴과 영혼의 한복판, 뻥 뚫린 그곳에 제 기대에 전혀 미치지 못하는 인간의 사랑, 거짓 사랑이 자리잡고 있었습니다.

숱한 어려움을 겪은 후 이것이 잘못이었음을 깨닫게 되었습니다. 이웃과 타인은 '온전한 사랑을 기대하지 않아야 할 피조물'이었습니다. 대신 하나님에게서 받은 사랑을 나누어야 할 대상이었습니다.

그러나 저는 그들의 사랑과 인정을 끊임없이 요구하고 있었습니다. 지나친 요구와 기대는 실망과 거절을 불러옵니다. 결국 사람에게 받은 상처로 몸과 마음이 어두운 생각에 빠져 있었습니다. 주일 예배는 무거운 짐으로 다가왔습니다. 마음과 감정이 정반대로 흐르는 가운데 드리는 예배와 찬양은 무미건조했습니다. 순서에 따라 흘러가는 이 모든 과정이 저를 더욱 숨막히게 했습니다. 바람 따라 부드럽게 떠가던 돛단배가 강가 모래톱에 걸려 있는 느낌이었습니다.

오후 늦게 책상에 앉았습니다. 말씀 카드를 폈습니다. 살아가며 제 삶에 깊은 영향을 끼친 구절들, 제 삶의 기둥과 비빌 언덕이 되어 준 구절들, 하나님 만난 지 열다섯 해 지난 지금까지 소중한 보석처럼 차곡차곡 모인 80쪽 분량의 이 말씀 카드를 큰아이는 아빠가 만든 커닝 쪽지(Cheat Sheet)라고 부릅니다.

마음이 머무는 구절들을 하나하나 마음으로 짚어 갑니다. 그 말씀으로 대화하고 하나님 뜻을 제 마음에 선포합니다. 늘 경험하지만 참으로 놀라운 평안과 소망으로 들어서게 됩니다. 하나님을 만나려는 마음으로 말씀을 읽고 그 약속을 선포하고 말씀으로 하나님과 대화하면 성령님은 늘 평안과 위로를 부어 주셨습니다. 사흘 동안 하나님이 아닌 자신과 이웃을 바라보며 초주검이 되었던 영혼이 평안, 소망, 담대함으로 서서히 일어섭니다. 말씀으로 기도하던 중 하나님은 제 마음에 새겨야 할 한 가지 사실을 선명하게 설명해 주시는 것 같습니다.

"인유야! 내가 네 기도 들었다. 이제 너는 허리를 동이고 대장부답게 일어서라. 내가 네게 일러주는 말을 새겨 들어라. 네 마음이 왜 어려운가 묻지 마라. 네 삶이 왜 이렇게 고달프냐고 원망하지 마라. 때로 숨 좀 돌릴 만하면 하나님은 왜 나를 그냥 내버려두지 않는가 묻지 마라.

내가 아니다. 바로 너다. 네가 네 원수에게 칼을 쥐어 주고 있다. 내가 네게 끊임없이 부어 주는 평안을 빼앗고 너를 고통 가운데로 끌고 갈 수 있는 단 한 가지 이유는 바로 네 옛사람이다. 옛사람으로 돌아가는 발걸음을 경계해라. 내가 너를 못살도록 하는 게 아니다.

죽었던 네 옛사람, 지금도 시체로 썩어 가고 있는 옛사람 쪽으로 네가 걸음을 떼는 순간, 새로운 생명인 네 안의 예수를 떠나 네 옛사람으로 다가서는 순간, 너는 원수들에게서 지독한 공격을 받게 될 것이다. 그러니 그 삶이

오죽 힘들겠느냐!

내게 묻지 마라. 네 삶이 왜 이렇게 고달프고 어렵기만 하냐고. 더 정확한 질문은 '나는 지금 어디에 서 있는가?' 라고 묻는 것이다.

네가 지금 선 곳이 네 안의 성전(聖殿)이 아니고 네 시체가 썩어 가고 있는 무덤이라면 원수는 네 죄악을 들어 너를 고소하고 정죄할 것이다. 원수는 네 추악함을 들어 수치심과 열등감을 부추길 것이다.

네가 옛사람에게 사로잡히는 바로 그때, 그의 생각, 느낌, 말과 행동을 분별없이 따라가는 그때, 너는 마귀의 끈질긴 공격 앞에 네 알몸을 대책 없이 드러내게 된다. 내게서 눈을 떼어 썩어 가는 네 옛사람을 바라보면 오직 죄악과 추악함과 연약함이 두드러져 보일 뿐이다. 무엇 하나 네 마음을 편치 못하게 할 것이다.

원수는 네 연약함을 들어 너를 비웃고 평가절하할 것이다. 원수는 어두운 생각, 가라앉는 느낌, 절망감으로 너를 에워쌀 것이다. 너는 결국 내가 네게 걸어 둔 아름다운 꿈을 잊어버릴 것이다. 어찌하여 네 시체에다가 생명의 숨을 불어넣느냐! 내 아들 예수가 너를 대신하여 죽었을 때 네 옛사람은 이미 죽어 버렸다. 무거운 짐도 함께 깨끗이 치워졌다.

너는 이미 새 사람으로 오직 하나의 생명, 그리스도의 생명을 받았다. 그리스도의 십자가, 그가 거기서 흘린 피가 그렇게 가벼워 보이더냐? 이제 옮겨라. 네 중심에서 내 중심으로! 네 근심에서 내 마침표로! 십자가에서 예수가 토한 말, '다 이루었다!'가 복음의 핵심이다. 언제까지 이것을 가슴으로 받지 않고 서성대려느냐?

아무리 네 믿음이 커 보이고 네 의지가 바위처럼 굳세고 네 열심이 바다 같이 넘칠지라도 네 마음이 옛사람 주위를 서성댄다면 근심, 염려, 불안, 시기, 질투, 열등감, 교만, 절망, 분노, 음란, 중독이 독버섯처럼 네 몸과 마음을 파고들 것이다. 네 몸과 영혼을 쓰러뜨릴 것이다.

그러나 네 마음 추슬러 믿음으로 내 얼굴 주목하고 믿음으로 내 음성 들으면 그리스도 안에서 네가 누구인지 바로 깨닫게 될 것이다. 예수의 형상을 꼭 빼닮은 너를 믿음으로 보게 될 것이다. 놀라운 네 신분 깨닫고 너는 기뻐할 것이다. 이 세상 그 누구도 그 무엇도 빼앗아 갈 수 없는 내 사랑, 내 기쁨, 내 평안이 네 영혼을 넘치게 채울 것이다. 네가 직접 경험하지 않았느냐? 오늘 오후 네가 보고 듣지 않았느냐?

내가 네게 일러준 말 가운데서 살아 움직이는 예수 그리스도를 만날 때 비로소 네 아픔이 어디서 왔고 그것이 어떻게 사라지는가를 깨닫게 될 것이다. 네가 나를 바라볼 때, 내 가슴에 네 귀를 갖다댈 때 너는 비로소 너를 기뻐하여 내 심장이 뛰는 소리를 듣게 될 것이다. 내가 네 안에서 키워 가는 놀라운 꿈과 아름다운 모습을 보게 될 것이다. 그러니 오늘처럼 하여라. 몸과 마음이 어려울 때 네가 지금 어디에 서 있는가를 살펴보고, 속히 내게로 눈을 돌려 내 품으로 달려오너라."

7. 아바의 팔베개

"임께서 왼팔로는 내 머리를 고이시고,
오른팔로는 나를 안아주시네"

아 8:3, 표준새번역

Your left arm would be under my head,
and your right arm would embrace me

Song of Song 8:3, NLT

"나 외엔 누구게도 네 마음 열지 마라
나 외에 어떤 이도 네 품에 품지 마라
사랑은 죽음보다 강하고 열정은 죽기까지 세차구나
한순간 갑자기 터진 불꽃, 온 누리를 삼키듯
물이 이 불길 끄겠느냐? 홍수라도 이를 삼키겠느냐?
혹 누가 이 사랑을 재물로 사려 든다면
그는 오직 비웃음만 사게 되리라"

아가서 8:6~7 구인유 번역

Close your heart to every love but mine;

hold no one in your arms but me

Love is as powerful as death,

passion is as strong as death itself

It bursts into flame and burns like a raging fire

Water cannot put it out; no flood can drown it

But if any tried to buy love with their wealth,

contempt is all they would get

Song of Songs 8:6-7, GNTD

친구처럼 하나님과 함께 걷다

2003년부터 하나님은 새로운 길로 저를 이끄셨습니다. 하나님을 사랑한다는 것이 무엇인지 첫걸음부터 가르치시는 것 같았습니다. 그리움으로 시작된 걸음은 살과 살이 맞닿는 것으로 이어지고 십자가에 못박혀야 할 추악한 자신을 바라보는 고통을 거쳐야 했습니다. 이후 순종이라는 깔딱고개를 넘어 하나님과 하나되는 갈망으로 나아갔습니다. 그러나 첫걸음부터 제 몸과 마음이 깨어지는 큰 아픔을 겪어야 했습니다.

2003년 9월 마포에서 영종도로 이사갔습니다. 논이 있고 밭이 있고 산이 있고 바다가 있어 진작부터 터잡고 살리라 마음먹었던 곳입니다. 봄부터 가을까지 너르고 너른 갯벌을 자줏빛으로 덮는 함초, 하루 두 번씩 9미터까지 차 올랐다 빠지는 바닷물, 그 위로 흩어져 있는 무의도, 강화도, 신도, 시도, 모도, 장봉도 등의 섬들이 하나하나 모습을 드러낼 때마다 시시각각 달라지는 경치.

바닷가 빌라 옥탑방에서 소나무 사이로 보이는 푸른 바다와 여러 섬들, 영종도 들어서는 길 왼쪽으로 짙푸르게 솟은 계양산, 늦은 밤 고속도로 따라 쭈욱 이어선 금빛 가로등…. 이 모든 풍경은 저를 단번에 사로잡았습니다. 바닷물 가득 찬 저녁노을 보며 서울에서 영종도로 들어서면 한폭 그림에 작은 천국이 담겨 있는 것 같습니다.

하루라도 이곳에서 살게 해주신 하나님께 자주 고맙다고 말씀드렸습니다. 진주, 부산 금정산, 콜로라도 로키산, 일원동 대모산, 진해와 거제도에 이어 살게 된 영종도. 이렇게 아름다운 곳을 돌아가며 살게 해주셨으니 오늘 죽어도 여한이 없습니다.

북쪽 소나무들 사이로 바다와 강화도가 보이는 빌라에 들었습니다. 옥탑방을 서재 겸 묵상 장소로 꾸미고 붙박이 책장을 설치했습니다. 인천 신공항 2단계 사업 참여로 다니게 된 사무실도 집에서 10분 정도면 도착할 수 있었습니다.

모든 것이 꿈만 같았던 이곳, 감탄과 감사가 넘치는 가운데 하나님은 제게 큰 도전을 던지셨습니다. 사랑의 탐색이었습니다. 하나님을 진정 사랑한다는 것이 무엇인지, 형제자매님들과 나눌 수 있는 참사랑이 무엇인지 찾아 내는 힘든 도전이었습니다. 제 침실 머리맡에 다음 말씀을 붙였습니다.

"내가 나의 침상에서 주를 기억하며 밤중에 주를 묵상할 때에 하오리니 주는 나의 도움이 되셨음이라 내가 주의 날개 그늘에서 즐거이 부르리이다 나의 영혼이 주를 가까이 따르니 주의 오른손이 나를 붙드시거니와" 시 63:6-8, 개역한글

On my bed I remember you; I think of you through the watches of the night. Because you are my help, I sing in the shadow of your wings. My soul clings to you; your right hand upholds me. Psalms 63:6-8, NIV

이 말씀을 묵상할 때 사람이 사람을 그리워하는 간절한 마음이 담긴 옛 시조가 함께 떠올랐습니다. 바로 '임이 끄시는 신발소리'입니다.

> 뜰에 쌓인 눈 위 달빛 가득한 지금, 바람아 부지 마라!
> 임이 끄시는 신발소리 아님을 내 어찌 모를까!
> 하지만 그립고 아쉬운 이 밤, 행여 그이인가 하노라.
> / 작자 미상의 시조를 현대어로 푼 시

그때 하나님은 이렇게 말씀하시는 것 같았습니다.

"인유야, 사랑은 어디서부터 시작하지? 무엇인지도 모르고 사랑을 막연히 얘기하는 건 아닐까? 이웃 사이에도 그렇지만, 특히 나를 향한 사랑에서는 더욱 애매한 것 같지 않느냐? 사랑을 이루기 위해 너희는 내 앞에서 섬기고 돕고 헌신하며 땀 흘리고 어려운 순종도 마다하지 않는다. 말씀에 쓰인 대로 사랑을 실천하려고 애쓰고 있지. 그러나 이 모든 헌신 한복판에 있어야 할 것, 곧 나를 그리워하고 내게 안기길 원하고 밤잠을 이루지 못할 정도로 나를 사모하는 네 마음은 어디 있지?

만난 걸 몹시 기뻐하고 함께 얘기하며 일상의 유머를 주고받고 함께 터뜨리는 웃음은 어디서 찾을 수 있는 것이냐? 엄숙하고 경건한 만남이 나를 숨 막히게 한다는 걸 생각해 본 적 있느냐? 습관적 예배 혹은 규칙에 갇힌 사랑은 그 온도가 얼마나 될까? 믿지 않는 사람들 사이에 사랑이 어떻게 오고 가는지 자세히 살펴보렴. 훨씬 더 솔직하고 자연스럽고 가슴 트이지 않느냐?

너와 내가 주고받는 사랑이 세상 사람들이 나누는 것보다 못한 것이냐? 그 온도와 색상이 세상보다 싸늘하고 칙칙하더냐? 믿음의 눈과 귀와 살갗으로 시작되지 않는 사랑, 영으로 지나치게 치우친 사랑에서 너는 내 얼굴을 어떻게 살갑게 바라볼 수 있을까? 어떻게 솔직하게 얘기할 수 있고 어떻게 뜨거운 내 가슴 만질 수 있을까?

하늘나라 향한 사다리가 지지대도 없이 땅이 아닌 구름에 박혀 있다면 사다리는 너와 함께 떨어지고 말 것이다. 어떻게 내게 와 내 품에 안길 수 있겠느냐? 네가 사람들과 즐겁게 먹고 마실 때 너는 한 번이라도 나를 불러 함께 먹은 적 있느냐? 설거지할 때 나와 함께 그릇 씻으며 얘기 나눈 적 있느냐?

땅과 하늘에 있는 모든 것이 네 앞에 펼쳐질 때 나와 함께 바라보며 여러 디자인과 색상을 두고 함께 감탄한 적 있느냐? 가까운 친구에게 하듯 나와 얘기하고 웃고 떠들어 보았느냐?

펭귄의 뒤뚱 걸음, 판다의 밤탱이 눈, 돌고래의 깔깔 웃음, 곰의 날렵한 연어 잡이, 이 모든 것을 통해 나는 창조의 기쁨과 웃음을 네게 보여 주었다. 그런데 너는 네 젊은 날, 밤을 지새기까지 어떤 사람을 그리워는 했어도 모든 게 사랑인 나를 그토록 기다리진 않았지.

　매일 밤 자고 있는 침대에서 너는 나와 함께 눕지 않았고 너를 팔베개해 주려는 내 마음 한 번도 헤아리지 않았어. 사람을 그리워하며 쓴 시가 나를 사모하는 시보다 어째서 더 절절히 네 가슴을 친단 말이냐? 침상에서 나를 기억하며 밤중에 나를 간절히 기다리는 네 마음이, 어찌 겨울 눈 위로 스쳐 가는 바람 소리를 임이 끄는 신발소리로 착각하는 여인의 마음에도 미치지 못할까?

　너는 나를 어떠한 존재로 바라보느냐? 사랑과 심판의 팽팽한 긴장이 감도는 십자가, 거기서 내 목숨까지 내어 놓으며 난 널 택했다. 죽기까지 사랑했다. 그런데 내게 온몸과 영혼으로 다가와야 할 네 사랑은 영으로만 치우쳐 몹시 기우뚱거린다. 네 가슴은 허공에서 허우적대다 땅 아래로 곤두박질친다.

　땅에서 시작되지 않은 것이 어떻게 성령의 열매를 맺을까? 사랑은 지금 여기서부터다. 땅에서 시작하여 하늘로 이어진 사다리 타고 올라오너라. 사랑, 기쁨, 평안, 오래 참음, 자비, 양선, 충성, 온유, 절제는 평범해 보이는 네 일상, 곧 지금 여기서부터다. 네 어미 속에 잉태된 그때부터 내가 널 안아 왔고 품어 왔고 구해 냈다. 나는 너와 소곤소곤 얘기하고 싶었고 네 손을 꼬옥 붙잡아 걷고 싶었고 너와 함께 웃고 떠들고 싶었다.

　에녹은 그처럼 나와 함께 스스럼없이 얘기하고 웃고 떠들고 걸었다. 그는 죽음을 뛰어넘는 내 사랑을 알았고 그 사랑을 매일 나와 나누었다.

그가 죽음을 맛보아야 할 이유가 없었기에 그냥 산 채로 그를 하늘나라
로 데려와 버렸다."

하나님의 말씀에 대한 감동으로 제 묵상은 다음과 같이 이어졌
습니다.

하나님을 이처럼 그리워하며 기다리다 만날 수만 있다면, 긴 겨울
밤잠 못 이루며 듣게 되는 바람 소리를 그분이 눈 위를 끄는 신발
소리로 오해하게 되어도 상관 없다. 그리운 이를 밤새 기다리듯 하
나님을 그토록 기다린 적 있는가? 사랑하는 임 따스한 손을 잡듯,
그분 손 포근하게 붙잡지 않는다면 어떻게 그분을 사랑한다고 말
할 수 있을까?
하나님은 내게 가까이 오시지 않고 진정 저만큼 멀리 서 계신가?
그분을 더듬어 찾는 내 손과 입술과 숨결이 닿지 않는 곳에. 나를
향한 하나님 사랑과 그분을 향한 내 사랑을 믿음의 눈과 귀와 손으
로 느끼려는 게 과연 경건치 못한 바람인가? 하나님 앞에서 발가
벗고도 부끄러워하지 않았던 에덴, 거기서 나누던 첫사랑을 잊어
버렸다.

하나님이 나를 위해 지으신 창조계를 보고 듣고 맡고 맛보고 만지
는 오감으로 새롭게 만나지 않는다면 어찌 하늘 문을 활짝 열어젖
힐 수 있을까? 창조계는 하늘을 향해 열린 문, 이 문을 지나야 하

나님을 만날 수 있다.

몸으로 전해지는 느낌이 아무 뜻 없는 것이라면 새 하늘 새 땅에서 입을 영원한 몸은 무얼 위해 있는가? 이 땅과 저 하늘에서 입는 육체는 눈으로 하나님의 아름다움 바라보고, 귀로 부드러운 음성 듣고, 코로 당신의 향기 맡고, 혀로 맛난 것 함께 먹고, 피부로 서로를 확인하는 참사랑의 채널이 아닌가!

말로 표현할 수 없는 표정과 소리에도 아기가 부모 사랑 알아채듯, 우리 육체와 오감은 표현할 길 없는 하나님 사랑과 언어를 담아내는 그릇이 아닌가! 육체로 전해지는 그분 사랑을 추하고 악하고 경건치 못한 것으로 여기며 애써 피하려는가? 하나님이 지으신 것 중 어느 하나라도 추하거나 악한 것이 있던가! 원수의 거짓말을 받아들인 후 썩을 대로 썩어 버린 인간의 마음밖에는.

맛난 음식 먹을 때 마주 앉아 계신 하나님께 한 젓가락 집어 드리고 싶지 않은가? 맛있는 찬을 집어 주시는 하나님 손길을 믿음으로 바라볼 순 없는가? 그게 아니라면 어머니 같은 하나님 사랑을 어떻게 제대로 느끼고 누릴 수 있는가?

아름다운 장미와 국화를 보았을 때, 그 아름다운 꽃을 내게 보내신 하나님께 한아름 꺾어 들고 달려가고 싶지 않은가? 그 아름다움 함께 바라보며 기뻐하고 싶지 않은가?

나를 지금까지 주님 모습으로 빚으시는 하나님, 그 사랑을 오감과 영혼으로 하나씩 느끼고 배워 가는 중이다. 상상할 수 없는 크기로 당신 사랑을 보이시는 하나님, 육·혼·영 모든 채널 통해 오고 가는 사랑을 오늘도 당신은 가르치고 훈련하신다.

"…이스라엘아 들으라 주 곧 우리 하나님은 유일한 주시라 네 마음을 다하고 목숨을 다하고 뜻을 다하고 힘을 다하여 주 너의 하나님을 사랑하라" 막 12:29-30, 개역한글

"너와 나는 약혼한 사이, 우리 사이는 영원히 변할 수 없다. 나의 약혼 선물은 정의와 공평, 한결같은 사랑과 뜨거운 애정이다. 진실도 나의 약혼 선물이다. 이것을 받고 나 야훼의 마음을 알아다오" 호 2:21-22, 공동번역

누구를 가슴 아프게 사모하여 처절하게 사랑을 구했다 해도 하나님의 이 간절한 구애에 비할 수 있을까? 하나님은 내 사랑에 기댈 필요가 전혀 없는데도 그렇게 하신다. 그러나 당신 생명, 당신의 모든 게 나를 향한 사랑뿐이기에 나를 사랑할 수밖에 없는 하나님이시다.

오직 한쪽으로만 흘러왔던 반(反)조건적 사랑, 이제 이 사랑을 언젠가는 내가 알고 누리고 나누며 함께 기뻐하고 춤추기를 기다리시는 하나님! 마지막 남은 기력과 진액을 한 방울도 남김없이 쏟아부어 당신 사랑을 내게 나누셨다. 이 세상이 알지 못하는 사랑, 기쁨, 평안을 넘치도록 부어주시려고….

그 무엇보다 가장 앞선 하나님의 계명은 하나님과 내가 주고받을 사랑이라고 일러주셨다. 그분 향한 내 사랑을 당신께서 구하실 때, 하나님이 체면이나 염치 생각하셨던가? 당신 열망 숨겨 가며 말씀 아끼신 적 있던가? 비웃음, 경멸, 저주, 놀림을 받으시면서도 아랑곳 않고 벌거벗은 채로 십자가에 오르기까지 당신의 모든 영광과 위엄을 모두 버리셨다. 오직 내 사랑을 사기 위해, 영원토록 나를 당신 아내로 삼기 위해….

나를 향한 그분 사랑은 이토록 깊었고 이를 위해 치르신 고난은 그토록 끔찍했다. 하나님은 나를 당신 목숨보다 더 사랑했기에, 사랑으로 주고받을 지극한 기쁨을 미리 아셨기에 주님은 십자가에 오르는 길로 기꺼이 들어서셨다. 부끄러움, 두려움, 고통도 그 사랑을 꺾을 수 없었다.

"주께서 나에게 또 말씀하셨다. '너는 다시 가서, 다른 남자의 사랑을 받고 음녀가 된 그 여인을 사랑하여라. 이스라엘 자손이 다른 신들에게로 돌아가서 건포도를 넣은 빵을 좋아하더라도, 나 주가 그들을 사랑하는 것처럼 너도 그 여인을 사랑하여라!'" 호 3:1, 표준새번역

이것이 나를 향한 하나님 사랑, 그 크기인 것을! 그렇다면 하나님을 사랑하는 것에 내가 무엇을 더 아낄 수 있겠는가! 무엇을 부끄러워하고 주저하고 감출 수 있겠는가! 모든 체면과 염치 벗어던지

고 알몸으로, 남들이 조롱하고 비웃더라도 오직 알몸으로 그분께 내달려야 하지 않는가!

"이는 너를 지으신 자는 네 남편이시라 그 이름은 만군의 여호와시며 네 구속자는 이스라엘의 거룩한 자시라…" 사 54:5, 개역한글

남편과 아내로 맺어진 주님과 나, 벌거벗었으나 부끄럼 없던 에덴의 사랑, 그 사랑으로 하나님은 오늘 나를 부르신다. 예수님 다시 만나는 그날 새롭고 영원한 육체를 입게 될 것이다. 그날 다시 체험할 잊혀진 사랑을 설레는 마음으로 그려 본다. 이 세상 몸과 마음으로 오가는 사랑도 이처럼 아름다운데 신랑 되신 예수님이 내 곁으로 오시는, 그리고 그 이후 나눌 참사랑은 얼마나 더 아름다울까? 내 영과 혼과 육을 사랑스럽게 만지시는 하나님의 섬세하신 손길, 셀 수 없이 많은 사랑의 흔적들 가운데서 나는 이것을 꼭 기억하리라!

죽은 채 누워 있는 아이 위로 올라가 자기의 입을 아이의 입과, 눈을 아이의 눈과, 손을 아이의 손에 포갠 엘리사처럼* 죽어 가는 나를 살리시기 위해 그리스도는 당신 몸으로 나를 덮으셨다. 내 두 눈 주목하고, 당신의 가슴과 팔로 차갑게 식어 가는 내 몸 안아 주셨다.

---

* 열왕기하 4:34(공동번역) = 침대에 올라가 아이 위에 엎드렸다. 그리고는 자기의 입을 아이의 입에, 자기의 눈을 아이의 눈에, 자기의 손을 아이의 손에 포개었다. 이렇게 아이 위에 엎드리자 아이의 몸이 따뜻해지기 시작하였다.

하나님과의 동행은 과연 무엇을 의미할까요?

"에녹은 육십오 세에 므두셀라를 낳았고 므두셀라를 낳은 후 삼백
년을 하나님과 동행하며 자녀를 낳았으며 그가 삼백 육십 오세를
향수하였더라 에녹이 하나님과 동행하더니 하나님이 그를 데려가
시므로 세상에 있지 아니하였더라" 창 5:21-24, 개역한글

믿음의 선진들을 묵상해 봅니다. 에녹과 달리 엘리야는 불 병거
(Chariot of Fire) 타고 하늘나라로 올랐습니다. 그에게는 많은 고난과 투
쟁이 있었습니다. 그래서인지 엘리야가 살아서 하늘로 올라간 일은
쉽게 수긍이 갑니다. 그러나 에녹이 하늘로 오른 것은 이해하기 힘
듭니다. 그렇다고 살아서 하늘나라로 들려 올라가는 것이 선한 업
적으로 얻는 보상이라고 생각하진 않습니다. 아브라함과 그 후손
들, 모세, 이사야, 예레미야, 에스겔, 열두 제자, 바울 등 훌륭한 믿음
의 선진들이 모두 하늘로 들려 올라가진 않았으니까요.

에녹은 이러한 믿음의 선진들과는 달라 보입니다. 성경에 따르면
그의 삶은 아주 간단하게 기록되어 있습니다. 평범하게 아들딸 낳
고 하나님과 동행한 것 외에 이렇다 할 내용이 없습니다. 한 순수한
자연인으로 살다가 어느 날 하늘나라로 들려 올라갔습니다. 남아

있던 아내와 자녀들은 이 기이한 일을 당하여 어떤 느낌이 들었을까요? 준비되지 않은 헤어짐에 황당하고 놀랍고 기쁘고 영광스러웠을 것입니다. 무덤은 없지만 비석을 세워야 할지 말아야 말지 꽤 고민했을 것 같습니다.

하나님은 에녹을 왜 그렇게 데려가셨을까요? 성경에 드러난 에녹의 삶은 아주 평범해 보입니다. 하나님의 경륜과 계획을 도무지 알 수 없습니다. 하나님이 친히 손목 잡으시고 하늘로 그냥 그를 데리고 가셨을 때 에녹은 어떤 느낌이었을까요? 혹시 이렇게 말했을까요?

"하나님, 이러시면 안 되죠. 가족에게 작별인사도 못 하고 가면 어떡해요?"

가톨릭에서는 하나님 뜻을 좇아 정결하게 살기 위해 사제들과 수녀들이 결혼하지 않고 홀로 삽니다. 신앙공동체로 한 곳에 모여 성결한 삶을 살려고 애씁니다. 그러나 산 채로 하늘나라로 옮겨간 에녹의 삶은 지극히 평범합니다. 성경 기록을 보면 가정을 떠나거나 사역을 감당하거나 전쟁의 어려움도 겪지 않은 가운데 평범하게 살았습니다.

성경에는 에녹의 삶과 관련해 단 두 가지 얘기만 나옵니다. 그가 첫아기 므두셀라를 낳고 나서 하나님과 동행하기 시작하였다는 것과 여느 남성과 다름없이 아들딸 낳으며 300년을 더 살았다는 것입니다.** 저는 스스로 물어보았습니다.

'에녹의 삶에 무언가 알려지지 않은 경건하고 헌신적인 일상이 있지 않았을까? 살아서 하늘나라로 올라간 놀라운 삶을 왜 이토록 짧게 다루었을까? 첫아들 얻고 나서 하나님 아버지의 마음과 참사랑을 깨닫게 된 것일까? 그 일로 하나님과 함께 살아가기 시작했을까? 그렇다면 자식을 둔 나를 비롯해 다른 이들은 왜 그런 변화가 일어나지 않을까? 하나님과 함께 걸었다, 즉 동행했다는 내용이 과연 무슨 의미인가? 특별히 경건한 삶을 살아가지 않았을까? 만일 그렇다면 성경에 기록되지 않을 리 없을 텐데.'

하나님의 놀라운 복이 주어지면 우리는 자신의 헌신과 성과와 업적에서 은혜의 이유를 찾으려고 합니다. 그러므로 죽음을 맛보지 않은 에녹의 복락은 수수께끼가 아닐 수 없습니다.

길을 가다 보면 언제나 갈림길이 나옵니다. 두 갈래, 세 갈래, 네 갈래, 때로는 대여섯 갈래로 나뉘기도 합니다. 여기서 어느 길로 가야 할지 선택해야 합니다. 그때 하나님이 가시는 길을 버리고 다른 길로 접어들면 길을 잃어버립니다. 매일매일 제 삶에 던져지는 선택의 모든 과정에서 저는 성령님이 택하신 길을 따르려 애씁니다. 혹시 잘못 들어섰다면 깨닫는 즉시 돌아서고자 합니다. 그러나 저는 울타리 너머 먹음직스럽고 보기도 좋고 지혜롭게 할 만큼 탐스

** 창세기 5:21-23(개역한글) = 에녹은 육십오 세에 므두셀라를 낳았고 므두셀라를 낳은 후 삼백년을 하나님과 동행하며 자녀를 낳았으며 그가 삼백육십오 세를 향수하였더라.

럽기도 한 것들을 늘 마주칩니다.

'매순간 내가 원하는 걸 포기하고 하나님 뜻대로 산다는 게 얼마나 힘든가? 에녹은 늘 하나님 뜻을 좇아 살아갔을까? 그도 우리처럼 연약한 인간이기에 여러 시행착오를 겪으면서도 길을 잘못 들어섰을 때 늘 하나님의 길로 돌아섰던 게 아닐까?'

잠시 성경에 담긴 내용을 살펴봅니다. 성경은 우리의 감정, 생각, 삶의 일상적 모습을 지극히 제한적으로 보여 줍니다. 왜 그럴까요? 하나님은 죄악에 빠져 죽어 가는 생명이 너무 위급하여 다른 걸 자세히 말씀하실 틈이 없으신 것 같습니다. 성경은 시급한 비상벨과 앰뷸런스와 죽음으로부터 벗어나는 탈출구로 가득합니다. 응급실에 걸린 비상조치 안내서와 같습니다. 그것만으로도 성경말씀은 꽉 찹니다. 인간의 죄악과 하나님의 구원 계획과 어린양의 희생을 통한 완벽한 구원이 너무도 중요하여 이를 거듭해서 말씀합니다.

하나님의 최대 관심사는 우리를 우선 살려 놓고 보는 일인 것 같습니다. 천국에서의 기쁜 삶은 생명을 얻은 후 영원히 누리는 것이므로 이 땅에서는 참되고 선하고 아름다운 문화 활동에서 그 기쁨을 살짝만 맛보라고 하시는 것 같습니다. 당장은 죄의 바다에 빠져 심장이 멎은 이에게 숨을 불어넣는 일이 급선무이기 때문입니다.

이 땅의 인간 삶은 죽음을 향해 질주하는 사망 열차와도 같지 않습니까? 성경에는 에덴동산의 아름다운 꽃향기, 풍성한 삶의 기쁨,

천국 시민들의 예술 활동과 문화 생활보다 죽어 가는 영혼을 살리기 위해 피와 소독약 냄새가 진동하고, 수술실의 긴장이 넘치는 것 같습니다.

그런 이유로 에녹이 하나님과 돈독히 사귀며 함께 산책길을 걷고, 숲과 나무와 활짝 핀 꽃들을 보며 서로 이야기 나누고, 함께 기뻐하는 감탄사를 던진 것들은 성경에 자세히 기록되어 있지 않습니다.

하나님의 자녀 된 우리에게 하루하루는 하나님과 눈을 마주치며 함께 걷고, 얘기하고, 일하고, 기뻐하고, 웃고, 춤추고, 넉넉한 사랑을 나눌 수 있는 복된 날입니다. 하나님은 기쁘고 풍성한 삶을 영원히 주시기 위해 죽어 가는 우리 생명을 살리셨습니다.

구원을 얻기 위한 신앙고백이나 영적 투쟁은 신앙생활의 전반부인 것 같습니다. 그러면 에녹이 누린 하나님과의 동행은 과연 무엇일까요? 싸움에서 이긴 후 맞이하는 후반부 삶인 것 같습니다. 그리스도의 생명을 받은 오늘 우리에게는 후반부 삶, 부활의 삶이 기다리고 있지 않나요?

"그러므로 우리는 그리스도교의 초보적 교리를 넘어서서 성숙한 경지로 나아갑시다. 이제 와서 죽음에 이르는 행실을 버리고 돌아서는 일과 하느님을 믿는 일과 세례와 안수, 그리고 죽은 자들의 부활과 영원한 심판과 같은 기초적인 교리를 다시 배우는 일은 없도록

합시다. 하느님께서 허락하시는 대로 우리는 성숙한 지경으로 나아가야 합니다" 히 6:1-4, 공동번역

승리의 전쟁을 마친 군인이 평화로운 마을로 돌아와 군복 대신 평복으로 갈아입고 사랑과 기쁨의 삶을 살아가는 것같이 우리도 이젠 새 예루살렘을 바라보며 부활의 삶을 살아가야 하지 않을까요?

에녹은 지상에서 이미 후반부의 삶, 곧 하늘의 삶을 하나님과 함께 살아간 것 같습니다. 그의 지상 생활은 천상의 삶을 미리 경험하는 것이었습니다. 산 채로 하나님 나라로 올라간 것은 놀라운 일이 아니었습니다. 지상에서 맛본 아름다운 동행의 연속이니까요.

하나님이 지금 우리에게 원하시는 게 뭘까요? 혹시 에녹의 삶을 살아가라고 하시는 건 아닐까요? 주님의 구원을 받고 믿음이 생겼다면 에녹처럼 지금 여기서 당신과 함께 하늘의 삶을 살아가라고 하시지 않을까요? 하나님이 주시는 평안, 기쁨, 사랑을 지금 여기서 맘껏 누리고 나누며 살아가라고 하시는 게 아닐까요?

"…내가 온 것은 양으로 생명을 얻게 하고 더 풍성히 얻게 하려는 것이라" 요 10:10, 개역한글

"예수께서 가라사대 나는 부활이요 생명이니 나를 믿는 자는 죽어도 살겠고 무릇 살아서 나를 믿는 자는 영원히 죽지 아니하리니 이

것을 네가 믿느냐" 요 11:25-26, 개역한글

죽어도 사는 것은 믿음으로 구원받은 성도의 전반부 여정입니다. 한편 살아서 주를 믿는 것은 에녹처럼 평범한 일상에서 주님과 함께 걷는 후반부 여정입니다.

하나님 말씀이라는 울타리 안에는 우리가 마음껏 뛰놀 수 있는 동산과 시냇물과 운동장이 있습니다. 성경에 쓰인 말씀 사이사이에는 아름답고 넓은 에덴이 있습니다. 이곳은 우리의 상상이 마음껏 뛰노는 장소입니다. 말씀의 울타리를 벗어나지 않는 한 상상은 건강한 믿음을 세우고 우리 삶을 풍요롭게 합니다. 에녹과 같이 하나님과 동행하는 기쁨이 주어집니다.

앞서 인용한 창세기 5장 21-24절에는 에녹의 삶이 간단히 기록되어 있습니다. 그의 삶은 틀림없이 기쁘고 아름다웠을 것입니다. 하나님은 에녹의 삶을 우리 상상에 맡기신 것 같습니다.

성경을 통해 이해하게 된 하나님의 성품, 뜻, 계획에 비추어 자유롭게 상상의 날개를 펼쳐 봅니다. 말씀의 울타리를 벗어나지 않고 평범한 일상에서 상상할 수 있는 모든 걸 동원하여 성경의 행간에 감춰진 하나님 가슴과 숨결과 뜻을 만지고 느끼고 서로 나누는 것이야말로 사랑받는 자녀의 특권입니다.

그런 의미에서 부활하신 주님이 바닷가에서 제자들에게 주실 생선을 구우시는 장면을 살펴봅시다.

"육지에 올라보니 숯불이 있는데 그 위에 생선이 놓였고 떡도 있더라 예수께서 가라사대 지금 잡은 생선을 좀 가져오라 하신대 시몬 베드로가 올라가서 그물을 육지에 끌어 올리니 가득히 찬 큰 고기가 일백 쉰 세 마리라 이같이 많으나 그물이 찢어지지 아니하였더라 예수께서 가라사대 와서 조반을 먹으라 하시니 제자들이 주신 줄 아는 고로 당신이 누구냐 감히 묻는 자가 없더라 예수께서 가셔서 떡을 가져다가 저희에게 주시고 생선도 그와 같이 하시니라"

요 21:9-13. 개역한글

사람의 아들로 오신 분이 기쁨과 설렘으로 불을 피우시고 친히 구해 오신 떡과 생선으로 정성껏 아침상을 마련하십니다. 제자들이 방금 잡은 싱싱한 생선도 함께 숯불에 올려 놓으십니다.

"자, 이제 모여라. 아침 먹자" 하시는 주님의 음성, 못 자국 난 손으로 친히 생선과 떡을 찢어 제자들에게 나눠주시는 주님의 행동, 말씀 사이사이에 묻어 나오는 주님의 미소 같은 것들은 성경에 쓰여 있지 않습니다.

주님을 버리고 떠난 제자들은 밀려오는 죄책감과 애정의 갈등으로 어찌할 바를 모릅니다. 주변에는 바닷바람에 물결이 일렁이는 소리가 들려오고, 갓 잡아올린 물고기들은 땅바닥에서 펄떡거립니다. 제자들은 탄성을 지르며 물고기를 셉니다. 하나, 둘, 셋… 일백 쉰셋! 우와!!!

2003년 4월, 저도 이 무리에 끼어듭니다. 주님이 잡히시던 날 밤, 주님 버려두고 도망간 한 사람으로, 그리고 주님을 다시 만나 기뻐하며 잡은 물고기를 소리쳐 세는 당신 제자로 그 자리에 있다고 상상합니다. 제 얼굴은 후회와 부끄러움으로 얼룩지면서도 주님 만난 기쁨으로 가득합니다. 곁에서 미소 지으시는 주님, 장작이 타며 뿜는 연기 냄새, 아침을 준비하는 설렘, 은빛 물결에 반사되는 아침 햇살, 베드로의 옷소매에서 풍기는 비린내, 옷깃을 스치는 바람소리, 장작에서 불똥 튀는 소리 등을 상상해 봅니다.

'이제부터 믿음으로 하나님과 얘기할 거야. 하나님 말씀 울타리 안엔 내가 마음껏 뛰놀 수 있는 동산이 있고 운동장이 있어. 상상과 감정과 의지를 다 동원해서 주님과 함께 걸을 거야. 이게 바로 하나님과 동행한 에녹의 길이 아닐까? 나도 그렇게 하나님과 함께 걸어가야지!'

제 아내는 집에서 늘 찬송을 입에 달고 삽니다. 거실, 공부방, 침실, 화장실 할 것 없이 집 안에는 아내의 노랫소리가 배어 있습니다. 그래서 아내가 외출하고 난 뒤에도 그 여운이 곳곳에 남아 있습니다. 그러다 어느 순간 집안이 고요해집니다. 저는 그제야 아내가 이 좁은 공간에서 이리저리 오가며 삼위 하나님을 가족으로 모시고 기뻐하고 찬양하며 축제의 소란을 떤 사실을 기억합니다.

또 어느 날은 시끌벅적한 백화점 지하 식당에서 쟁반국수 먹을 때, 하나님이 저와 함께 웃으며 마주 앉아 계신 느낌을 떨치기 어려웠습니다. 그 느낌이 너무나 강하고 실제적이었습니다. 그래서 한 젓가락 집어서 드셔 보라고 했습니다. 허공에 올려진 국수 가락을 보며 얼마나 기쁘고 흐뭇했는지 모릅니다. 주님은 또한 이를 얼마나 반겼을까요? 그 소란스러운 곳에서 저와 주님이 함께 나눈 기쁨을 누가 알 수 있을까요?

언제부턴가 저는 묵상노트에 하나님이 제게 말씀하시는 내용을 믿음으로 적기 시작했습니다. 묵상하며 받은 말씀에 대한 내 반응, 그리고 그 반응에 대해 하나님이 말씀하시는 걸 적었습니다. 서로 얘기를 주고받은 셈입니다. 처음엔 어색하고 미심쩍었습니다. 불경함, 아니 죄책감마저 들었습니다. 그러나 하나님은 그 의심과 주저함을 깨끗이 지워 주셨습니다.

에녹을 묵상하는 가운데 다음 말씀을 주시며 순종과 동행이 하나임을 일러주셨습니다. 모세의 충성을 어찌 저의 것과 비교할 수 있겠습니까? 그러나 적어도 그 순종과 충성을 따라 앞으로 나아가는 것이 제가 바라는 것입니다.

"너희는 나의 말을 들어라. 너희 가운데 예언자가 있으면, 나 주가 환상으로 그에게 알리고, 그에게 꿈으로 말해 줄 것이다. 나의 종 모세는 다르다. 그는 나의 온 집을 충성스럽게 맡고 있다. 그와는 내가 얼굴을 마주 바라보고 말한다. 명백하게 말하고, 모호하게 말하지 않는다" 민 12:6-8, 표준새번역 에녹도 모세와 같이 하나님 얼굴 마주 보며 동행했을 것입니다. 프랑스의 영성가 잔느 귀용(Jeanne Guyon)도 오직 믿음과 순종으로 하나님과 함께 걸었을 것입니다. 수도사 로렌스 형제(Brother Lawrence)가 누렸던 하나님과의 사귐도 오직 믿음과 순종으로 가능했을 것입니다.

에녹이 하나님과 동행한 것처럼 이제 저도 믿음으로 하나님 얼굴 바라보며 얘기하고 상의하고 일하고 웃으며 팔짱 끼고 함께 걸을 것입니다. 얼마나 놀라운 복락이고 특권인가요!

아바 하나님, 팔베개 해 주세요

잠자리에 들 때 하나님께 가끔 이런 청을 드렸습니다.

"하나님, 저 이제 잘 겁니다. 오른팔로 안아 주시고, 왼팔로 팔베개해 주실 거죠?"

하나님 사랑은 과연 무엇일까 종종 생각해 보았습니다.

강화도가 바라다보이는 옥탑방 한쪽 벽에 무슨 말씀을 붙일까 고민하다가 아가서 8장 6-7절 "나 외엔 누구에게도 네 마음 열지 마라. 나 외에 어떤 이도 네 품에 품지 마라"(Close your heart to every love but mine; hold no one in your arms but me, GNTD)라는 말씀이 떠올랐습니다. 그 방에 오를 때마다 이 말씀을 보고 외웠지만 말씀대로 따르지 못해 여기저기 걸려 넘어졌습니다.

이해(利害)가 얽힌 부, 명예, 지위를 하나님 발아래에 두기가 무척 어려웠습니다. 눈과 귀와 살갗으로 느껴지는 인간 사랑을 하나님 사랑 아래 두기도 쉽지 않았습니다. 하나님 자리를 차지하려는 우상들을 마음에서 치워 버리는 일은 아직도 진행 중입니다. 당신보다 어느 누구 또는 그 무엇에게 더 많은 애정과 관심을 기울이면 아프게 질투하시는 하나님 마음을 알기까지 오랜 세월이 걸렸습니다.

하나님 아닌 어느 누구도 제 가슴에 품는 걸 참지 못하시는 하나님, 그 아픔을 이해하기까지 많은 시간이 지나야 했습니다. 저의 죄악과 우상숭배에 대한 당신의 질투가 십자가에 올라 죽으시기까지 저를 사랑했던 그 사랑과 조금도 다르지 않다는 걸 알기까지 여러 해가 걸렸습니다. 질투하시는 하나님을 처음엔 이해하기 어려웠습니다. 저를 소유하고 독점하려는 사람을 가까이하기 싫듯 질투하시는 하나님을 마음 편히 대할 수 없었습니다.

하나님을 모르고 믿지 않던 시절 한 가지 의문이 들었습니다. '하늘과 땅을 지으신 하나님이 질투하실 만큼 유치한 분이신가? 자녀를 사랑하는 마음이 온 우주보다 넓으신 하나님께서 어찌 그러실 수 있는가?' 나중에야 하나님의 질투가 물에 빠져 숨이 멈춘 이를 살려 내는 인공호흡과 같다는 걸 어렴풋이 느끼게 되었습니다.

하나님의 질투는 세상이 모르는 기쁨을 자식에게 주시려는 아버지 마음이었습니다. 우상은 늘 우리에게 무엇을 요구하지만 하나님은 늘 당신께서 넘치게 부어주시는 걸 거저 받으라고 하십니다. 모든 일상에서 하나님은 참 기쁨을 부어주십니다. 이를 믿음으로 취하고 누리고 나누는 우리의 기쁨이 하나님을 영화롭게 합니다.

십자가에서 고통스런 숨을 몰아쉬며 아바 하나님께 간구하시던 주님이 떠오릅니다.

> "아버지, 저 사람들을 용서하여 주십시오. 저 사람들은 자기네가 무
> 슨 일을 하는지 알지 못합니다" 눅 23:34, 표준새번역

하나님의 질투는 우리에게 하늘의 기쁨을 주시려는 안타까운 몸부림이었습니다. 하나님 모습을 닮은 우리가 어떤 사랑으로 진정한 기쁨을 누릴 수 있는지 우리를 지으신 그분보다 더 잘 아는 이가 누구이겠습니까? 그 하나님이 우리의 참 기쁨과 행복을 위해 질투와 분노를 쏟으신다면 하나님의 질투와 분노는 당신의 참사랑과 한치도 다를 바 없지 않습니까?

> "아버지께서 나를 사랑하신 것처럼 나도 너희를 사랑해 왔다. 그러
> 니 너희는 언제나 내 사랑 안에 머물러 있어라. 내가 내 아버지의
> 계명을 지켜 그 사랑 안에 머물러 있듯이 너희도 내 계명을 지키면
> 내 사랑 안에 머물러 있게 될 것이다. 내가 이 말을 한 것은 내 기쁨
> 을 같이 나누어 너희 마음에 기쁨이 넘치게 하려는 것이다. 내가 너

희를 사랑한 것처럼 너희도 서로 사랑하여라. 이것이 나의 계명이다" 요 15:9-12, 공동번역

주님께서 사랑하라는 이 계명을 우리에게 주신 참된 이유는 그리스도의 기쁨을 우리 삶에 넘치게 부으시려는 주님의 뜻 때문이었습니다. 이 기쁨을 서로 나누는 것이 하나님과 이웃을 사랑하라고 명령하신 가장 큰 동기였습니다. 하나님 사랑의 원래 크기는 끝없는 상상으로도 담아 내기 어려웠습니다. 이제야 겨우 하루하루 한 뼘씩 하나님 사랑을 새롭게 알고 누리고 나누게 해달라는 기도를 시작했을 뿐입니다.

아내와 지금까지 40년 넘게 살아 오며 처음엔 다툼과 시행착오를 수없이 겪었습니다. 하나님께 감사한 것은 많은 어려움에도 불구하고 이제는 서로에게 더 고마워하고 서로를 더 사랑하며 살아간다는 사실입니다. 이것은 저희 선함이나 의지에서 비롯된 게 아니고 순전히 하나님의 사랑, 가르침, 중재 덕분에 가능했습니다.

예를 들어 저는 창문이 커튼으로 가려진 걸 몹시 꺼립니다. 아내는 우리 거실과 부엌이 이웃들에게 보일세라 연신 창을 가립니다. 저는 열고 아내는 닫습니다. 저는 어둠을 몹시 싫어하고 아내는 실내가 어둑해도 개의치 않습니다. 저는 집 안 환기를 하루에 두세 번 해야 직성이 풀리고 아내는 겨울 내내 창문 닫고 있어도 전혀 불편해하지 않습니다. 저는 가끔 들로 산으로 시골 동네를 다녀와야 생

기가 돌지만 아내는 하루 종일 방 안에서 친지들과 전화를 주고받는 것만으로도 행복해합니다. 그러니 함께 산행을 하거나 선뜻 시골 마을을 들르는 일은 흔치 않습니다.

어떻게 이렇게 다를 수 있을까요? 더 궁금한 건 이렇게 다른 두 사람이 어떻게 참사랑을 키워 갈 수 있을까 하는 것입니다. 우려와 달리 하나님은 서로 다른 것에서 온전한 사랑을 빚으며 완성하시는 것 같습니다. 그래서 성격 차이로 이혼한다는 사람들 말을 이해하기 힘듭니다. 그 다름과 차이가 서로를 세워 주고 둘의 삶을 풍성히 채워 주는 걸 경험하기 때문입니다.

두 톱니가 서로 맞물려 돌아가는 톱니바퀴처럼 한쪽의 모자람을 다른 쪽이 기뻐하며 채워 주고 한쪽의 넘치는 장점을 다른 쪽이 고맙게 받아들이는 아름다운 수고와 감사의 선순환(善循環)이 사랑이라고 봅니다. 우리는 서로 다른 것을 두고 옳다 그르다 하며 엉뚱하게 다투지만 하나님은 여러 다른 조각을 모자이크처럼 모아서 아름다운 그리스도의 몸을 만드십니다.

자신이 주님 몸의 한 지체이며 모자이크 작품의 한 조각임을 알아차린다면 교회에서 일어나는 성도들 간의 이견과 다툼도 큰 어려움 없이 잠재울 수 있을 것입니다. 주님의 몸 되신 입체적 교회 안에서 어찌 영적 권위를 내세우며 직분의 높낮이를 말할 수 있겠습니까?

하나님과 나 사이에 있는 긴장과 갈등은 사람 사이에 있는 것과는 비교할 수 없는 크나큰 도전이었습니다. 그러니 하나님 사랑을 알고 그것에 반응하고자 하는 바람은 실로 큰 변화입니다. 이 뜻을 세웠을 때 둘 사이 사랑을 키우기 위한 성령님의 열심은 뜨겁고 강렬했습니다. 꽁꽁 언 겨울 땅을 뚫고 나오는 질경이처럼 숨어 있던 사랑의 싹이 고개를 들었습니다.

"야훼께서는 마치 친구끼리 말을 주고받듯이 얼굴을 마주 대시고 모세와 말씀을 나누셨다" 출 33:11, 공동번역

우리를 향한 하나님의 지극한 사랑을 알고 반응할 때 절친한 친구처럼 그분과 허물없이 얘기를 나눌 수 있습니다. 에녹과 모세가 하나님과 어떻게 상의하고 일하고 기뻐했을까요? 짐작컨대 사랑하는 사람이나 친한 친구처럼 격의 없었으리라 봅니다. 우리는 하나님을 우러러보지만 하나님은 우리 키에 맞추어 내려오십니다.

가나의 혼인잔치에서 축배의 잔이 부딪히는 소리가 떠들썩하게 들립니다. 주님은 그 축제의 한복판에 계십니다. 그들과 함께 기뻐하고 축복하십니다. 세리 마태의 집에서 벌어진 왁자지껄한 죄인들의 파티에서 웃음소리가 들립니다. 주님은 거기서도 주빈으로 앉아 계십니다. 그들과 함께 기뻐하며 즐기십니다. 이 광경을 본 바리새인들이 예수님께 어찌하여 세리나 죄인들과 함께 먹는가 하고 비난합니다.

"세례자 요한이 와서, 빵도 먹지 않고 포도주도 마시지 않으니, 너희가 말하기를 '그는 귀신이 들렸다' 하고, 인자는 와서, 먹기도 하고 마시기도 하니, 너희가 말하기를 '보아라, 저 사람은 먹보요, 술꾼이요, 세리와 죄인의 친구로구나' 한다"눅 7:33-34, 표준새번역

사흘 동안 예수님을 따르며 복음을 사모하는 무리를 먹이신 분도 주님입니다.

"그때에 예수께서 제자들을 불러 '이 많은 사람들이 벌써 사흘 동안이나 나와 함께 지내면서 아무것도 먹지 못하였으니 참 보기에 안 되었구나. 가다가 길에서 쓰러질지도 모르니 그들을 굶겨 보내서야 되겠느냐?' 하고 말씀하셨다"마 15:32, 공동번역

주님은 우리에게 하늘나라 복음을 전하시는 데 혼신을 쏟으시면서도 우리와 함께 먹고 마시고 축제의 잔을 들어올리는 것을 소홀히 여기지 않으셨습니다. 영혼과 육신의 필요를 채워 주시고 우리와 살갗을 맞대며 발을 친히 씻겨 주셨습니다. 이렇게 열두 제자와 함께 먹고 자고 마시며 당신의 일을 끝까지 마치셨습니다.

"(예수께서) 잡수시던 자리에서 일어나서 겉옷을 벗고, 수건을 가져다가 허리에 두르셨다. 그리고 대야에 물을 담아다가, 제자들의 발을 씻으시고, 그 두른 수건으로 닦아 주기 시작하셨다"요 13:4-5, 표준새번역

하나님은 중요한 절기마다 당신 앞에 모두 모여 함께 먹고 마시며 기뻐하라 하십니다. 가난하고 연고가 없는 이들을 불러모아 배불리 먹고 당신 앞에서 즐거워하라 하십니다. 영원한 생명을 우리에게 주신 것도 경건한 삶의 일상적 기쁨을 우리와 함께 나누려는 하나님 뜻이 아니겠습니까?

> "…소든지 양이든지 포도주든지 독한 술이든지, 어떤 것이든지, 먹고 싶은 것을 사서, 주 너희의 하나님 앞에서 너희와 너희의 온 가족이 함께 먹으면서 즐거워하여라. 그러나 성 안에서 너희와 함께 사는 레위 사람은, 유산도 없고 차지할 몫도 없는 사람들이니, 그들을 저버리지 않도록 하여라. 너희는 매 삼 년 끝에 그 해에 난 소출의 십일조를 다 모아서 성 안에 저장하여 두었다가, 너희가 사는 성안에, 유산도 없고 차지할 몫도 없는 레위 사람이나 떠돌이나 고아나 과부들이 와서 배불리 먹게 하여라. 그러면 주 너희의 하나님은 너희가 경영하는 모든 일에 복을 내려 주실 것이다" 신 14:26-29, 표준새번역

사랑의 명령을 묵상할 때마다 하나님의 진정한 바람은 우리 안에 살아계신 주님의 기쁨을 믿음으로 취하고 누리고, 이웃과 함께 나누는 것이었습니다. "네 마음을 다하고 목숨을 다하고 뜻을 다하고 힘을 다하여 주 너의 하나님을 사랑하라"(막 12:30)고 명령하신 동기가 바로 거기에 있다는 확신이 점점 더 깊어 갔습니다.

　이렇게 평온한 세월이 몇 년간 지속되다가 2009년 10월 어느 날부터 저의 몸과 마음이 서서히 무너졌습니다. 건강은 회복되지 않았고 영혼도 황폐해져 죽음의 낭떠러지 끝에 서 있는 느낌이었습니다. 일터에서 쌓인 스트레스, 불면증, 우울증이 서서히 삶의 균형을 깨기 시작했습니다. 기운이 없어 병원을 찾거나 일찍 퇴근하는 일이 잦아졌습니다.

　1997년 한국에 돌아와 열두 해를 넘긴 이때까지 오직 하나님 말씀으로 갖가지 어려움을 견딜 수 있었습니다. 그러나 이제 그 말씀으로도 저를 추스르지 못하고 의사의 도움을 받아야 했습니다. 이러한 자신을 돌아보며 바닥난 믿음과 순종에 대해 얼마나 큰 갈등을 겪어야 했는지…. 진해 신항만 건설 사업 마무리 단계에서 건강은 극도로 악화되었습니다. 하나님께 말씀드렸습니다.

　'제가 너무 아픕니다. 병가를 내야 할 정도입니다.'

　그러나 하나님은 그 자리를 끝까지 지키라는 감동을 주셨습니다.

　하나님께 순종하기로 결단했습니다. 죽으면 죽으리라는 각오로 그 자리를 지키기로 했습니다. 그러자 놀라운 평안과 기쁨이 찾아왔습니다. 평안과 확신을 주신 하나님께 감사드렸습니다.

　그러나 며칠 후 덮쳐온 불안과 불면은 다시 그 수위를 극도로 높였습니다. 결국 며칠 후 병가를 신청했습니다. 얼마나 부끄럽고 고통스러웠는지 모릅니다.

하나님께 팔베개해 달라던 잠자리는 이제 더 이상 평안한 안식처가 되어 주지 못했습니다. 잠 못 이루고 근심과 불안으로 지새우는 날들이 잦아졌습니다. 병가를 내는 대신 끝까지 업무를 처리하겠다던 하나님과의 약속을 지키지 못한 제 믿음의 밑천을 보고 감당키 어려운 열등감과 부끄러움에 휩싸였습니다.

병가를 낸 지 몇 달 후 컨소시엄 사업권이 파트너에게 넘어가고 그와 함께 회사로부터 고용 계약을 끝내자는 연락이 왔습니다. 황폐해진 영혼과 몸을 추스르지 못한 채 서명을 했습니다.

이렇게 몸과 마음이 시달리던 2010년 5월 중순의 어느 날, 잠자리 들기 전 하나님 앞에 가만히 앉았습니다.

'하나님, 큰 어려움을 당할 때면 매번 왜 이토록 불안으로 떨어야 하나요? 제 믿음과 순종은 바닥입니다. 아니 바닥 아래로 한참 떨어졌습니다. 저를 치러오는 이 큰 무리를 제가 대적할 능력이 없습니다. 어떻게 할 줄도 알지 못한 채 오직 주만 바라봅니다.'

그때 하나님은 당신 품에 안고 있는 한 아기를 보여 주셨습니다. 태어난 지 며칠 되지 않아 핏자국이 여기저기 남아 있었습니다. 아직 눈을 뜨지 못한 그 아기는 심한 불안과 두려움에 떨며 몸을 뒤챘습니다. 마치 힘센 자의 강한 팔에서 빠져나오려는 듯 뼛속 깊이 느껴지는 두려움과 외로움에서 벗어나려고 버둥거렸습니다. 하나님이 말씀하셨습니다.

"인유야! 이 아이를 보아라. 내가 그를 품고 있는데도 이 아이는 그 사실을 알아차리지 못하고 있다. 아직 눈을 뜨지 못하였기에 아이는 나를 제대로 볼 수 없다. 이 아이는 태어난 지 일주일도 채 되지 않아 엄마 품에서 떨어져야 했다. 그래서 지금 내 품에 안겨서도 몹시 몸부림치고 있다. 버려진 고아처럼 심한 불안과 외로움으로 떨고 있다.

그러나 그가 여태껏 몰랐던 한 가지 사실이 있다. 배에서 나면서부터 내가 그를 안아 왔고 태에서 자라면서부터 내가 그를 품어 왔다는 사실이다.*** 내 젖과 네 엄마의 젖을, 내 살결과 네 엄마의 살결을, 내 눈맞춤과 네 엄마의 눈맞춤을 어떻게 비교하여 서로 같다 하겠으며 내가 네게 기울인 사랑을 네 엄마보다 못하다고 할 수 있겠느냐?

지금 내 품에 안겨 있으면서도 몸부림치고 있는 이 아이가 바로 너다. 오늘을 살아가는 네가 내 품 안에서 영혼의 안식을 누리지 못하는 모습이다. 이제 너는 믿음의 눈을 떠라. 그리고 너를 안고 있는 내 얼굴을 똑똑히 바라보아라."

저는 굳게 닫힌 눈꺼풀을 서서히 힘겹게 열었습니다. 하나님 말씀 따라 오직 믿음으로 마음을 추스렸습니다. 시간이 지나며 하나님 품이 조금씩 느껴지기 시작했습니다. 저를 품에 안고 미소 지으며 기뻐하시는 얼굴을 오랫동안 올려다보았습니다. 차츰 갓 태어난

*** 이사야 46:3-5(개역한글) = 야곱 집이여 이스라엘 집의 남은 모든 자여 나를 들을지어다 배에서 남으로부터 내게 안겼고 태에서 남으로부터 내게 품기운 너희여 너희가 노년에 이르기까지 내가 그리하겠고 백발이 되기까지 내가 너희를 품을 것이라 내가 지었은즉 안을 것이요 품을 것이요 구하여 내리라 너희가 나를 누구에 비기며 누구와 짝하며 누구와 비교하여 서로 같다 하겠느냐.

아이의 몸부림이 잦아들었습니다. 이 세상에서 가장 안전한 품에 안겨 있는 푸근함이 찾아들었습니다.

그날 밤 하나님 팔베개에 제 머리를 고이고 잠자며 지난 몇 달 동안 간간이 시달리던 불면증에서 벗어날 수 있었습니다. 하나님 팔베개는 제게 평안과 감사, 사랑과 기쁨을 되돌려 주었습니다. 하나님은 이토록 섬세하게 제 영혼의 병을 알려 주고 고쳐 주셨습니다. 놀라운 하나님의 사랑과 가르침, 그리고 온전한 치료의 손길을 체험한 밤이었습니다.

다음에 이어진 글들은 아바의 팔베개를 묵상하며 하나님 사랑에 대한 당신의 가르침을 기록한 것들입니다. 일기로 썼기에 날짜를 함께 적었습니다.

2009년 4월

"너희는 내 얼굴을 찾으라 하실 때에 내가 마음으로 주께 말하되 여호와여 내가 주의 얼굴을 찾으리이다 하였나이다" 시 27:8, 개역개정

When You said, "Seek My face," my heart said to You, "Your face, O LORD, I shall seek." Psalms 27:8, NASB

"여호와와 그 능력을 구할지어다 그 얼굴을 항상 구할지어다" 대상 16:11, 개역한글

Seek the Lord and His Strength; Seek His face evermore. 1 Chronicles 16:11, NKJV

새벽 3시 반쯤 잠에서 깼습니다. 잠시 기도하고 책상에 앉았습니다. 묵상 '가문의 영광'을 조금 쓰다가 끝내지 못하고 자리에 다시 들었습니다. 짧고 선명한 꿈을 꾸었습니다.

* * *

저는 어느 어르신에게서 무얼 배우고 있었습니다. 그분은 저를 훈련하는 장인(匠人)이고 저는 그분의 도제(徒弟) 같았습니다. 그분은 나이가 칠순은 넘어 보입니다. 이것저것 중요한 것을 제게 말씀하십니다. 저는 그분 말씀을 귀 기울여 들으며 배우고 실습합니다. 하지만 그분 얼굴을 바라보거나 눈을 마주치진 않습니다. 일부러 피한 건 아닙니다. 그냥 지금껏 하던 대로 얼굴을 보지 않고 눈을 내리깐 채 말씀만 듣고 따릅니다.

그러다가 그분이 어느 대목에 이르러서 같은 얘기를 여러 번 반복하여 힘주어 말했습니다. 왜 이러실까 궁금해 고개를 들었습니다. 그리고 그분 얼굴을 비로소 바라보았습니다. 순간 큰 충격에 휩

싸였습니다.

'왜 이분 얼굴을 처음부터 바라보지 않았던가? 왜 나는 매번 듣기만 하고, 눈을 내리깔거나 다른 곳을 바라보았는가? 처음부터 이분 얼굴을 주목했더라면 당신이 가르치는 내용을 하나도 빼놓지 않고 알아들었을 텐데. 다른 것에 한눈팔지도 않았을 텐데.'

저를 주목하시는 그분 얼굴에, 그리고 그 두 눈에 말로 표현할 수 없는 관심과 열정, 사랑이 가득차 있었습니다.

당신의 시선과 표정과 음성을 통해 저의 온몸과 마음을 깊이 파고드는 관심과 사랑이 제 모든 걸 빨아들였습니다. 저의 생각과 언어와 몸짓은 거기서 멈추었습니다. 아니 얼어붙었습니다. 그분에게서 뿜어져 나오는 순수한 관심과 열정을 지금껏 어떤 누구에게서도 느껴 보지 못했습니다. 큰 충격이었습니다. 두 눈은 이렇게 말하는 것 같았습니다. "내가 사랑하는 이는 오직 너 하나다!"

지금껏 살아오며 어느 누구의 얼굴에서도 이런 표정을 본 적이 없었습니다. 어떤 사람에게서도 이런 깊은 사랑은 느껴 보지 못했습니다. 이 표정을 보는 순간 저는 더 이상 제 눈길을 다른 데로 돌릴 수 없었습니다. 모든 생각과 감정을 빨아들이는 힘 앞에 그냥 멈춰 버렸습니다. 제 눈과 귀와 영혼은 그 사랑에 녹아 버렸습니다.

* * *

꿈에서 깨어났습니다. 선명한 그림은 제 마음에 그대로 남았습니다. 이런 꿈을 꾸면 하나님께 '무엇을 말씀하고 싶으신가요?'라고 묻습니다. 그러나 이 꿈은 물을 필요가 없었습니다. 무얼 얘기하시는지 그 뜻이 불 보듯 선명하기 때문입니다. 장인은 하나님이고 도제는 나였습니다.

성령님이 아버지의 말씀을 이렇게 전하시는 것 같았습니다.

"인유야! 나는 네 곁에 늘 함께 있다. 이제부터 내 얼굴을 주목해 보아라."

하나님 얼굴에는 사랑과 기쁨과 평안이 고스란히 담겨 있었습니다.

저는 그 꿈이 기억에서 사라질까 봐 곧바로 책상 위 신앙일기에 꿈 이야기를 적었습니다. 하나님은 왜 이런 메시지를 주시는 걸까? 아내와 제가 다니는 온누리교회 회복 사역자들이 저희와 함께 쉬기 위해 제가 사는 진해로 오고 있는 이 아침에…. 이제 저와 그들이 지원 그룹이라는 울타리를 벗어나 하나님 얼굴 바라보며 당신 마음을 깨닫고 함께 걸어가야 할 때라는 메시지가 아닌가!

하나님과 눈 맞추다

2006년 12월

2006년 섣달 마지막 날 밤, 두 아이가 살고 있는 콜로라도주 웨스트민스트시 조그만 집 거실에서 시차로 잠 못 이루고 눈이 가득 내리는 창밖 내다볼 때 자정쯤 지나 하나님은 이렇게 물으시는 것 같았습니다.

"인유야, 사랑하는 이들이 마주 앉으면 뭘 바라보지?"

"……?"

"사랑하는 이들이 가까이 앉았을 때 뭘 먼저 주목할 거 같애?"

"음… 음… 누-운? 맞아요! 눈인 거 같아요."

"……."

"그냥 조용히 눈을 쳐다봐요."

"그래, 바로 그거다. 난… 나는 말이다, 여태 네 두 눈… 그렇게 쭈욱 지켜보았어."

"……."

"사랑하는 사람, 그 사람 두 눈을 바라보는 것보다 더 행복한 게 이 세상 어디 있을까! 두 눈을 서로 바라볼 때 모든 언어와 생각은 바로 거기서 멈춰버려. 그들 심장과 가슴과 영혼은 그렇게 멈춘 가운데 비로소 하나가 되지. 여태껏 찾아왔던 가장 소중한 것을 찾았기 때문이야. 그 두 눈에는 사랑하는 이를 반기는 행복한 웃음, 평안과 기쁨, 열정과 아름다움이 수정처럼 모여 있어. 이와 같이 난 지금껏 쭈욱 그렇게 네 두 눈 뚫어지게 보아 왔어. 이제 하나 물어보자. 인유야! 지금 여기서 넌… 내 눈… 그렇게 마주볼 수 있겠니?"

하나님이 그렇게 물으실 때 떠오르는 한 편의 시(詩), 임을 기다리며 잠 못 이루는 한 여인의 마음이 떠올랐습니다.

> 뜰에 쌓인 눈 위 달빛 가득한 지금, 바람아 부지 마라!
> 님이 끄시는 신발 소리 아님을 내 어찌 모를까!
> 하지만 그립고 아쉬운 이 밤, 행여 그이인가 하노라.
> / 작자 미상의 시조를 현대어로 푼 시

그리운 사람을 생각할 때 자주 떠오르는 글입니다. 이 시를 떠올리며 생각합니다.

'그렇담 처음도 사랑, 끝도 사랑이신 그 하나님에게 드려진 이 같은 시는 없을까? 세상 많은 이들이 사랑을 노래해 왔고 헤아릴 수 없는 글들이 사랑을 얘기했는데 가장 아름답고 가장 높으신 하나님께 드려진 사랑의 시는 어디 있지?'

솔직하고 아름다운 시를 묵상하면서도 이 물음에 대한 해답을 찾기 어려웠습니다.

또 하나 떠나지 않는 의문이 있습니다.

하나님을 놀랍게 만난 후 새로운 성품이 제 안에서 자라길 기대했고, 맘에 들지 않는 사람들을 이해하고 품길 원했습니다. 그러나 십수 년 지난 지금까지도 바라고 기대했던 성숙한 모습은 아직도 너무 멀리 떨어져 있습니다.

'변화와 성숙은 왜 이렇게 더디고 힘든가?'

여러 해가 지나서야 하나님이 말씀하셨습니다.

"지금 여기 평범한 일상이 펼쳐진 곳, 지금 여기 네가 서 있는 곳에서 네 안에서 숨 쉬고 있는 나를 기뻐하고 오직 믿음으로 순간순간 얘기하고 사랑 나눌 때 비로소 조그만 변화가 시작될 게다. 기쁨 없이 바뀌길 바란다는 건 무덤에 누운 시체가 스스로 일어서길 바라는 것과 같다."

그리고 몇 해가 지났습니다. 여전히 '내가 도대체 사랑의 'ㅅ' 자라도 알기나 하는가?'라고 묻지 않을 수 없었습니다. 그래서 사실대로 말씀드리지 않을 수 없었습니다.

"하나님, 사랑을 어떻게 키워갈지 도무지 모르겠습니다. 마음과 목숨과 뜻과 힘을 다하여 주님을 사랑하라고요? 이웃도 이와 꼭 같이? 잘 아시잖아요. 제가 예수님이 아닌데 어찌 이 엄청난 명령을 접시바닥 같은 제게, 그것도 가장 중요한 계명으로 던지시나요? 그렇게 살기 너무 힘들어요. 잘 아시잖아요, 제 밑천. 그러니 제발 그 명령 거두시든지 좀 알아듣게 말씀해 주세요. 제가 서 있는 삶의 한복판, '지금, 여기'라는 X, Y 좌표 중심에서 하나님과 저, 저와 이웃이 서로 주고받을 수 있는 사랑을 설명해 주세요."

"인유야! 네가 의심 가운데서도 내게 솔직히 기도한 그때, 네가 혼란 가운데서도 내게 말을 걸어온 그때, 넌 이렇게 자주 내게 말하였다. '하나님, 지금 여기는 하나님이 주신 가장 큰 선물입니다. 이 순간순간을 알뜰하게 살고 싶어요. 오직 믿음으로 당신 사랑 넘치게 받고, 오직 믿음으로 당신 사랑 누리고, 오직 믿음으로 당신 사랑 이웃과 나누고 싶어요.'

그때 나는 이미 네 손 잡고 함께 걷기 시작했다. 나는 네게 얘기 걸었고 에녹에게 한 것처럼 너와 함께 걸었다. 그러나 너는 나와 함께 걷고 있는 걸 모르고 그냥 내 손에 붙잡힌 채 걸어왔다. 기도는 했으나 네 가슴은 따르지 않았다. 이제 네 손잡은 내 얼굴 바라보라. 나와 눈을 맞추어라. 여기서 시작된 참사랑은 네가 알지 못하는 기쁨, 세상이 줄 수 없는 기쁨을 넘치게 부어줄 것이다. 바로 이 기쁨이 그 사랑을 키워줄 것이다."

하나님은 그 사랑으로 오늘도 제 손 잡고 한 걸음 한 걸음 당신이 열어 놓으신 길로 이끄십니다. 그 사랑의 높이, 깊이, 길이, 넓이를 매일 새롭게 뼘 재기 바라는 제 손 굳게 잡으시고.

어느 날 하나님은 이 땅과 저 하늘, 자기를 중심으로 자전하는 이 땅, 태양을 중심으로 공전하는 이 땅을 두고 속삭이듯 이렇게 말씀하시는 것 같았습니다.

"이 땅은 죄악을 축으로 스스로 돌아간다. 한낮이 지나고 저녁이 다가온다. 밝게 왔다가 어둡게 사라진다. 그러나 나는 사랑을 축으로 삼아 이 땅과 은하수를 품는다. 어둔 밤이 지나고 밝은 아침이 나타난다. 죄악이라는 자전축 따라 이 땅이 하루하루 어지럽게 돌아갈지라도 사랑이라는 공전축을 결코 벗어날 순 없다. 그 축의 중심에서 나는 너희와 이 땅을 해처럼 품어 왔다.

매일매일 스스로 돌아가는 너희 악한 움직임이 내 사랑의 울타리를 허물 수 없듯 너희가 스스로 내릴 수 없는 죄악의 무거운 짐도 이를 치워버리는 내 사랑의 팔을 꺾을 순 없다. 자전과 공전에 비친 사랑의 등식은 한결같아 오늘 삶은 어지럽고 추악할 수 있어도 여전히 소중하고 아름답다. 이 복된 삶은 너희를 향한 내 사랑이다. 너희에게 안긴 내 선물이다."

여물통과 지성소

2006년 8월 23일(수요일)

충청북도 청원군엔 침묵기도 집회가 열리는 수도원이 있습니다. 그곳에서 5일 동안 침묵기도를 가졌습니다.

침묵기도 시작한 지 사흘이 지난 오늘에야 에녹이 하나님과 함께 걸어간 길이 어떤 길인지 가슴과 영혼으로 느껴졌습니다. 하나님 사랑은 조용하면서도 힘차게 제 영혼을 사로잡았습니다. 뿌옇던 그림이 점차 또렷하게 다가왔습니다.

오늘밤 하나님과 기이한 만남을 가졌습니다. 잠자리 들기 전 큰 성전에서 하나님과 약혼식을 치렀습니다. 깊은 새벽 소나무를 입힌

2층 성전에 홀로 올랐습니다. 앞에도 십자가, 뒤에도 십자가. 약혼식 준비는 다 되었습니다. 먼저 하나님께 반지를 끼워 드렸습니다. 그리고 제 영혼의 서랍에서 꺼낸 반지, 열두 해 전에 하나님께서 제게 주신 반지를 이제야 하나님 손에 올려 드렸습니다.

"하나님, 끼워 주세요!"

하나님께서 가만히 웃으십니다. 기쁨이 당신 입 안에 가득합니다. 그리고 제 왼손을 붙드십니다. 넷째 손가락에 끼워 주신 후 제 얼굴을 두 손으로 부비십니다. 하나님 손은 무척 부드러웠습니다. 하얀 솜털같이 느껴집니다. 하나님은 말씀까지 쥐어 주셨습니다.

> "너와 나는 약혼한 사이. 우리 사이는 영원히 변할 수 없다. 나의 약혼 선물은 정의와 공평, 한결같은 사랑과 뜨거운 애정이다. 진실도 나의 약혼 선물이다. 이것을 받고 나 야훼의 마음을 알아다오"호 2:21-11, 공동번역

> "그러나 하나님은 자비가 넘치는 분이셔서, 우리를 사랑하신 그 큰 사랑으로, 범죄로 죽었던 우리를 그리스도와 함께 살려 주셨습니다. 여러분은 은혜로 구원을 받았습니다. 하나님께서 그리스도 예수 안에서 우리를 그분과 함께 살리시고, 하늘에 함께 앉게 하셨습니다" 엡 2:4-6, 표준새번역

모두가 잠든 자정쯤, 시편 23편으로 신앙고백이자 약혼식 축가를

조용히 불렀습니다. 어제 오후 무지개 보며 나눈 약속을 다시 확인했습니다. 이제부터 함께 살아갈 약속, 함께 걸어갈 길, 하늘나라 새 예루살렘에서 장차 있을 혼인식으로 가슴이 벅찼습니다. 엄청난 변화를 느끼며 참 모습으로 돌아가는 기쁨이 밀려왔습니다. 그러나 이 변화를 제대로 알고 지속적으로 누리려면 많은 시간이 흘러야겠지요.

새벽 3시에 다시 잠들었습니다. 자다가 깨어 보니 고작 새벽 4시 반, 몸을 일으켜 거실 밖 창을 열고 앞산을 봅니다. 깜깜한 산과 개울, 산능선과 시냇물가가 어슴푸레 보입니다. 어두워도 하나님과 함께 보니 기막히게 아름답습니다.

감사와 기쁨이 가슴에 차오릅니다. 풀벌레들은 잠도 없나 봅니다. 낮에는 낮대로 내내 노래하더니 밤에도 여전히 노랫소리가 그치지 않습니다. 좁은 길 따라 징검다리처럼 밝힌 작은 가로등들이 조는 듯 고개 숙인 채 수도원 뜰을 비춥니다.

'이런 거예요, 아바? 사랑하는 이들은 지금처럼 은밀한 때와 장소에서 아무도 모르게 만나나요?'

"너와 나의 만남은 언제나 그렇단다. 떠들썩하고 바쁜 한낮에도, 시끄러운 남대문 장터에서도 은밀한 만남이란다. 그건 아무도 모르게 우리 둘만이 소리 없이 얘기하고 서로를 바라보기 때문이야.

둘만이 아는 사랑과 기쁨, 둘만이 주고 받는 속삭임. 그러니 밤낮없이 호젓한 때와 장소가 언제나 우리 앞에 놓여 있단다. 일터와 시장바닥에서도 우리 만남은 늘 조용하고 평안하단다."

2006년 8월 24일(목요일)

오늘 침묵기도는 '꽝'입니다. 하나님 음성을 아무 것도 듣지 못했습니다. 어제는 오후부터 봇물 터지듯 하나님께서 많은 말씀을 쏟으셨습니다. 하나님 음성이라는 확신이 시원한 생수처럼 가슴을 적셔 주었습니다. 하지만 오늘은 아기 예수 탄생, 사마리아 여인, 그리고 포도나무 비유를 읽었지만 그것에 대한 하나님 음성은 한 마디도 들을 수 없었습니다. 믿음이 가는 응답은 없고 제 생각만 오락가락합니다. '어제는 하나님과 함께 무지개 바라보며 서로 사랑을 기쁘게 주고받지 않았던가?'

오늘 아침, 아기 예수가 태어난 마구간을 들어가 보았습니다. 침묵 가운데 오감(五感) 기도로 들어갔습니다. 그러나 썰렁합니다. 아기 예수는 뒷모습만 보입니다. 애써 얼굴을 살펴보니 문제가 발생한 것 같습니다. 요셉과 마리아의 얼굴에는 첫아기의 탄생을 기뻐하고 감사하는 표정을 볼 수 없습니다. 아기 예수를 보려는 마음이 내키지 않습니다. 제 마음이 너무 아프고 슬펐습니다. 목동들과 동방박사들은 있는 듯 없는 듯합니다. 썰렁하고 추운 느낌입니다. "지극히 높은 곳에서는 하나님께 영광이요 땅에서는 하나님이 기뻐하신 사람들 중에 평화로다"(눅 2:14, 개역개정)라는 메시지가 텅 빈 하늘을 떠돕니다.

하나님께 이게 무슨 뜻인지 알려달라고 기도했습니다. 응답이 없으십니다. 풀이 죽고 토라져 묵상도 하지 않은 채 밤 10시쯤 잠자리에 들었습니다.

2006년 8월 25일(금요일)

어젯밤 슬프고 답답한 마음으로 일찍 잤습니다. 실컷 자고 일어나니 새벽 6시. 기도실로 갔습니다. 하나님께 물었습니다. (L:하나님, S:나)

S: 어제 왜 그러셨어요? 제게 아무 말씀도 안 하시고, 제 생각만 오락가락했어요. 얼마나 절망스러웠는지….

L: 인유야, 동전 한쪽은 무엇이 그려져 있느냐?

S: 사람 얼굴이요.

L: 다른 쪽은?

S: 글쎄요. 집이나 서원(書院)이나 뜻있는 장소겠지요. 어쨌든 동전 맞은편 사람이 주로 활동하는 곳이요.

L: 어제는 그 장소였다.

S: (시간을 장소로 말씀하시다니, 아 헷갈려!) 그 장소가 뭐예요?

L: 그 사람이 가장 중요한 일을 하는 장소, 활동하는 공간이지.

S: …….

L: 그저께 수요일, 넌 내 얼굴을 보았다. 날 만나 기뻐하고 고마워했어. 네가 나를 처음 만난 게 거의 열두 해 전이었다. 그날 이후 다시 놀라운 사랑을 확인한 셈이지. 그래서 우리는 서로 반지까지 끼워 주었어. 넌 찢어진 성전 휘장 젖히고 들어와 내 얼굴 바라보았어. 네가 들어온 장소는 내가 예전에 머물던 땅의 성소였단다. 너는 거기서 내가 널 얼마나 사랑해 왔는지 다시금 기억할 수 있었지.

S: 그랬어요. 가슴이 탁 트였어요. 하나님 만난 게 1993년 가을, 그저께 주님과 약혼한 게 2006년 여름. 열두 해 지나서 약혼할 수 있다는 게 너무 기뻤어요.

L: 그러나 어제는 달라진 내 거처를 네게 보여 주었다. 휘장 너머 옛 지성소가 아니라 휘장 찢고 내가 네 영혼으로 들어간 곳, 예수의 이름으로 네게 보내 준 성령이 사는 곳, 네 안의 성소다. 그런데 지금 네 처소가 과연 어떤 곳이지?

한결같은 믿음으로 나를 보지 못하고 듣지 못하고 만지지도 못하는 그곳은 사랑보다 두려움, 소망보다 절망, 믿음보다 의심, 기쁨보다 슬픔, 이해와 용서보다 시기와 질투라는 끔찍한 기운이 설치는 곳 아니냐?

내가 2천 년 전 사람의 몸을 입고 태어난 곳도 가축들 우리 안이었다. 그리고 내가 아기 예수로 누운 곳은 여물통(구유)이었다. 이같이 오늘 내가 머무는 곳은 네 안에 있는 여물통이다. 그럴지라도 나는 너를 하룻밤 묵어가는 여인숙으로 여기지 않는다. 비록 지금은 짐승 우리 같은 마구간, 구역질나는 오물 냄새가 풍기는 곳일지라도 그곳을 내가 네 안에서 태어나는 장소로 택했다.

네가 짐승처럼 살며 먹을거리가 있나 없나 늘 살피는 여물통, 네 눈에 가장 잘 띄는 곳, 네가 가장 자주 네 눈과 귀를 모으는 곳, 네 영혼의 중심, 바로 그곳을 내가 네 안에서 머무는 곳으로 정했다.

그러나 너는 나를 새 성소가 아닌 옛 성소에 가두려 했다. 네가 알고 있던 예전 성소, 아름답게 꾸며진 성전에서 가끔 나를 만나는 곳, 또는 네가 골방 안에서 스스로 내 앞에 무릎 꿇고 경건한 기도와 찬양 드리는 그곳만을 성소라고 여겼다.

S: 하지만 하나님, 이 땅에 펼쳐 두신 하늘과 숲과 꽃을 하나님과 함께 보았어요. 그때 하나님과 얘기하지 않았나요? 하나님을 만나지 않았나요? 잠자리 들기 전에는 하나님 무릎에 앉곤 했어요.

L: 너는 내 사랑과 자비, 권능과 아름다움만 기뻐했어. 네가 내게로 오는 것만이 나를 만나는 것이고 나와 함께 걷는 거라고 생각해 왔어.

그럼 난 무어냐? 나는 발이 없느냐? 내가 네게 들어갈 순 없어? 내가 네 마음으로 들어가는 건 안 되느냐? 왜 내게 기회를 안 주지? 네 집이 너무 더럽고 추해서냐, 아니면 네 죄악이 나를 가로막아서냐? 네 문을 열고 날 맞이하는 게 그렇게 부끄러우냐?

네가 죄의 늪에 빠져 헤어나지 못할 때 나는 휘장을 찢고 네게로 달려갔다. 하지만 너는 기도와 말씀으로만 내게 다가오려고 했지. 조용히 나를 기다리며 내 발자국소리 듣고 네 문을 열어 주지 않았어. 네 모습 그대로 날 맞으려 하지 않고 먼저 네 몸과 마음을 늘 멋지게 꾸미려 했어.

마치 찢어지게 가난한 아이가 아주 가까운 친구에게 자기 집 보여 주길 부끄러워하는 것처럼 너 또한 나를 그렇게 대하려느냐? 널 품는 내 사랑이 그토록 작아 보이더냐? 십자가에 올라 내 살과 피와 죽음으로 너를 사고 네 영원한 생명을 사지 않았더냐?

S: …….

L: 인유야, 수요일 만남, 그건 '네가 내 안에'였단다. 네가 내 안으로 들어온 날이지. 그러나 목요일 만남은 내 차례였어. 내가 네게 들어가는 날, '내가 네 안에'가 시작되는 날, 성소 휘장 걷고 내가 네게로 걸어간 날.

그런데 내가 문을 두드릴 때 너는 나를 바라보지 않고, 네 추악하고 연약한 모습만을 바라보며 절망했어. 네 추악한 모습에도 불구하고 기쁜 마음으로 널 찾아오는 나를 바라보지 않았어.

참사랑은 못난 신부일지라도 그를 지극히 반기는 신랑의 마음이란다. 어둠과 깊은 물을 휘저으며 아름다움을 빚어 내는 나를 보지 않고 네 안의 어둠과 오염된 물만 바라보았어. 그러고는 절망하며 하나님이 내게 아무 말씀 하지 않으신다고 투덜댔지.

네 삶을 혼자서 지고 가면 네 생각의 무게가 너를 짓누를 거야. 절망과 외로움의 벼랑 끝에 서게 될 거고.

그러나 네 삶을 나와 둘이서 나누어 지면 네 삶은 평안, 기쁨, 사랑이 넘치는 생명의 축제로 바뀐단다. 네 눈길을 네 생각에 두지 말고 내 약속에 두거라. 내가 너와 함께 걷는다. 너는 진리를 따라 걸어가는 존재다. 생각을 따라 달려가는 존재가 아니다.

"한 처음에 하느님께서 하늘과 땅을 지어내셨다.

땅은 아직 모양을 갖추지 않고 아무것도 생기지 않았는데,

어둠이 깊은 물 위에 뒤덮여 있었고

그 물 위에 하느님의 기운이 휘돌고 있었다" 창 1:1-2, 공동번역

나는 어둠이 깊은 물 위를 뒤덮고 있는 그곳에서 누가 보아도 지극히 아름다운 걸 지어 내고 기뻐하는 너의 하나님이야. 나는 네 안에서 예수 그리스도를 빚어 내는 작업을 하고 있는 중이란다.

인유야, 사랑은 기다림이란다.

내가 네게 들어갈 때 어둠을 거쳐야 하지 않겠니?

깊은 물을 건너야 하지 않겠니?

너는 네 안의 모든 어둠과 깊은 물을 없애고, 아니 최소한으로 줄인 후, 문을 열고 나를 안으로 들이려 애쓰고 있어. 그럴 것 없다. 내가 원하는 건 네 깨어진 모습을 인정하고 잠잠히 날 받아들이는 거야.

S: …….

L: 어제 나는 네 집을 보여 주었어. 네가 잠자코 기다리면, 비참한 자신을 보고 마음 찢고 도움을 구하면 '인유야! 내가 네게로 들어가 살겠다'고 외치려던 참이었어. 그러나 넌 썰렁한 네 집만 보고 내 뜻과 계획을 묻지 않았어.

장애를 가진 것처럼 보이는 예수가 무엇을 뜻하는지도 묻지 않았고. 요셉과 마리아, 동방박사와 목동들이 왜 기쁨을 느낄 수 없는지도 묻지 않았지. 하늘의 천군 천사들이 '지극히 높은 곳에서는 하나님께 영광, 땅에서는 그가 기뻐하시는 사람들에게 평화'라고 외치던 소리도 사라졌어.

네 문을 계속 두드리는 나를 바라보지도 않고 너는 문을 쾅 닫아 버렸지. 그리고 혼자 슬퍼하며 일찍 잠자리 들었어. 그러나 고맙게도 너는 내게 삐져서 일찍 자면서도 아주 포기하진 않았지.

'하나님, 이 모든 썰렁한 장면이 무엇인지 알려 주세요'라고 내게 청했어. 그래서 오늘 내가 이렇게 자세히 풀어서 얘기해 주고 있단다.

이틀 전 수요일은 네가 찢긴 성소 휘장을 걷고 들어와서 내 얼굴을 본 날이야. 어제 목요일은 내가 영원히 너와 함께 있을 곳, 내 사랑, 내 자랑, 내 기쁨이 된 네게로 내가 들어가려던 날이었어. 네 모습 그대로, 짐승과 오물이 설치는 그곳을 내 거처로 삼고 들어가려 했지.

인유야, 수요일에는 내가 너를 '인미'(IN-ME)라고 불렀다. 네가 내게로 들어온 날이니까. 그러나 이젠 너를 '인유'(IN-YOU)라고 부른다. 내가 네게로 들어가는 날이니까.

네가 아무리 추하고 더럽게 보일지라도, 마구간같이 초라하고 냄새나는 네 모습 때문에 무척이나 절망스럽고 부끄러울지라도 이제 네 문을 두드리는 나를 기쁘게 맞아들일 순 없겠니?

네 모습 아무리 추할지라도 내가 네게 들어가고 나서야 비로소 너는 참 회개, 참 감사, 참 믿음이 무엇인지 체험할 수 있단다. 내가 네게 들어가고 나서야 정결한 그리스도의 모습으로 널 빚어 갈 수 있고, 내가 네게 들어가고 나서야 너는 그리스도의 생명으로 부활을 살아갈 수 있단다.

내가 네게 걸어 둔 믿음, 소망, 사랑을 자세히 살펴 보아라. 그러면 내가 왜 누추한 거처에 들어가 살기를 기뻐하는지 알게 될 거야. 내가 있을 새로운 거처는 네 영혼 중심에 있는 여물통이다.

S: 나의 주 나의 하나님, 참으로 고마워요. 이 악하고 누추한 자리를 주께 내드립니다. 당신이 거처할 곳으로 이제 담대히 내드립니다. 아멘! 들어오소서. 제 영혼의 처소로, 주 예수여!

L: 그러마. 내가 이제 네 안으로 들어가마.

S: 아바, 하나님. 이제야 이 질그릇 안에 담긴 놀라운 보화, 성령님이 거하시는 제 안의 성전을 비로소 깨닫게 됩니다. 삼위 하나님, 이 질그릇 안에 아름다운 보화를 넣어 주셔서 고맙고 또 고맙습니다.

지금 여기, 더할 수 없이 소중한 선물

2008년 10월

"그리스도께서 우리로 자유케 하려고 자유를 주셨으니 그러므로 굳세게 서서 다시는 종의 멍에를 메지 말라" 갈 5:1, 개역한글

"형제들아 나는 아직 내가 잡은 줄로 여기지 아니하고 오직 한 일 즉 뒤에 있는 것은 잊어버리고 앞에 있는 것을 잡으려고 푯대를 향하여 그리스도 예수 안에서 하나님이 위에서 부르신 부름의 상을 위하여 좇아가노라" 빌 3:13-14, 개역한글

그리스도의 생명을 받아들인 후로도 여전히 세상 노예로 살아가는 저 자신을 곳곳에서 발견합니다. 육신을 입고 있는 한 이 갈등과 긴장은 계속될 것입니다. 지나간 일에 대한 후회와 앞날에 대한 불안으로 무거운 짐 지고 살아갈 때가 있습니다. '주님과 함께 죽어 버린 옛사람의 목숨이 이다지도 끈질긴가!'

아침에 일어나 하나님 말씀으로 기도하며 하나님의 위로와 소망을 넉넉히 받고도 낮 동안 이런저런 일에 파묻힙니다. 어느 순간 살펴보면 지나간 일과 앞으로 닥칠 일에 끼여서 지금 이곳을 감사하며 살아가지 못하고 있는 저 자신을 발견합니다.

이틀 전 월요일 사무실 책상에 앉아 멍하니 시간 보냈습니다. 해야 할 일이 많은데도 정신을 집중하기 어려웠습니다. 몸이 허약하고 마음이 아파서입니다. 바람이 문득 불어오는 것처럼 알 수 없는 슬픔과 낙심이 밀려왔습니다. 마음을 오롯이 모아 보려 하나님께 기도드리며 일을 시작했건만 하나님 마음과 제 마음이 서로 만나지 못해 안타까웠습니다.

해야 할 일은 산더미 같고, 이를 함께 풀어 가야 할 파트너들은 각기 제 길을 가고, 문제의 실타래는 풀릴 기미가 보이지 않았습니다. 저녁에 집으로 가기 위해 책상을 정리하면서도 마음이 무거웠습니다.

"오늘 하루종일 도대체 해놓은 게 뭐야?"라고 투덜대자 하나님이 조용히 말씀하시는 것 같습니다.

"인유야, 지금은 어떠냐? 네 마음이 아직도 아프냐?"

"아뇨, 지금은, 그래도 견딜 만해요. 아니, 제 마음 그냥 접어 버렸어요. 되레 평안하기까지 해요. 결국 이 느낌도 지나갈 건데요, 뭘."

"지나간 네 삶에는 실패와 성공, 슬픔과 기쁨, 미움과 사랑, 불안과 평안, 진 것과 이긴 것, 어리석음과 지혜, 나에 대한 거리감과 뜨거운 사랑이 섞여 있다.

지나간 때에 아무리 눈부시고 아름다운 추억이 넘쳤더라도 지금 여기서 한순간 네 마음이 망상에 허우적댄다면 그것이 네가 서 있는 현주소다. 네가 걸어온 모든 길에 연결된 최전방이다. 언제든 '지금 여기'가 나와 함께 머물 수 있는 때와 장소다. 네가 내 뜻을 따라 바른 선택을 할 수 있는 복된 기회다. 지나간 날을 되짚으며 무엇을 탓하거나 후회하지 마라.

지금 여기는 자신을 다스릴 수 있는 유일한 시간과 장소다. 내가 네게 준 선택권, 네 자유의지를 선하게 쓸 수 있는 소중한 시간과 장소다. 지나간 때나 앞으로 일어날 일에 대해 너는 아무 선택권이 없다. 지나간 때는 네 손을 이미 벗어났고, 앞에 놓인 때는 아직 네 손이 닿지 않는다.

너는 지나간 때를 거슬러 올라 이미 끝난 일을 구부려 볼 수 없다. 오직 전능자인 내가 지나간 모든 걸 아름답게 모아 선하게 빚을 수 있다. 아름다움과 추함을, 기쁨과 슬픔을, 지혜와 어리석음을 모두 모아서…. 그런데 얼마나 많은 이들이 지나간 일을 조작해서 스스로 전능자처럼 되려다가 이마가 깨어지고 가슴이 멍드는지 모른다. 지나간 날과 앞날은 그냥 내버려둬라. 순순히 너그럽게 받아들여라. 그것이 참 겸손이다. 참 용기다.

사초(史草)를 뜯어고쳐 자기 얼굴을 꾸미려는 왕들을 따르지 마라. 앞으로 닥쳐올 일을 네 뜻대로 조작하려고 애쓰지 마라. 그렇게 몸부림 칠수록 아무것도 할 수 없는 너는 결국 불안과 미신과 우상숭배에 빠질 것이다. 지음을 받은 자가 지은 이를 마음대로 조종하려는 어리석음에 빠지지 마라.

네가 아무리 슬프더라도 기쁨을 선택할 수 있는 때는 오직 지금이다. 네가 아무리 어려움에 빠졌더라도 소망의 걸음을 뗄 수 있는 곳은 오직 여기다. 내가 네게 그 자유를 주었다. 그 자유를 쓸 수 있는 유일한 때와 장소는 지금이고 여기다. 미움으로 가슴이 찢어지더라도 사랑을 선포하고 팔을 내밀 수 있는 때와 장소도 지금 여기다.

지금 여기 내가 언제나 네 곁에 있음을 기억하라. 네가 원수들에게 에워싸였어도 내가 차린 성찬(聖餐)으로 나와 함께 먹고 마시고 축배의 잔을 높이 들어 올릴 수 있는 곳도 오직 지금 여기일 뿐이다. 어떤 상황에서도 나와 함께 고마워하고 기뻐하고 사랑할 수 있는 때와 장소는 지금 여기다. 그러니 지금 여기처럼 소중한 것이 어디 있느냐? 이것을 알고 네 선택을 순간순간 바르게 하는 게 순금처럼 빛나는 지혜다.

믿음은 지금이다. 지나간 때의 믿음을 얘기하지 마라. 어떤 상황 가운데서도 지금 여기서 드러나는 네 믿음과 선택을 나는 주목한다. 이제 알겠느냐?

인유야, 무얼 주저하느냐? 에녹이 나와 함께 걸었던 때와 장소는 늘 지금 여기였다. 네가 자신의 선택을 자유자재로 할 수 있는 단 하나의 기회는 지금 여기다. 지금 여기가 네게 주어진 끝없는 축복, 내가 네게 늘 안겨주는 아름다운 선물임을 이제 알겠느냐?

지금 여기가 네게 주어진 영원임을 이제 알겠느냐? 지금 여기서 너는 나를 바라보며 소망을 가질 수 있다. 지금 여기서 네가 나를 안을 때 나는 너를 영원히 품는다."

하나님, 제게 매순간 주시는 놀라운 선물을 보게 하시니 고맙고 또 고맙습니다. 당신의 선물 '지금 여기'를 알뜰하게 살아가겠습니다. 주님과 함께 걸어가길 원합니다. 성령님, 도와주세요! 그렇게 이끄실 하나님, 고맙습니다.

한 끼의 믿음

2009년 9월

"두려워 말라 내가 너와 함께함이니라
놀라지 말라 나는 너의 하나님이 됨이니라
내가 너를 굳세게 하리라 참으로 너를 도와 주리라
참으로 나의 의로운 오른손으로 너를 붙들리라" 사 41:10, 개역한글

나이가 예순 가까이 이르렀는데도 때때로 하나님에 대한 믿음이 전혀 없거나 있어도 아주 엷습니다. 그러니 하나님 안에서 누릴 수 있는 여유와 유머는 말할 것도 없습니다. 새롭게 마주치는 어려운 문제 앞에선 불안과 근심이 파도처럼 밀려옵니다.

라인홀드 니부어(Reinhold Niebuhr)는 이렇게 기도했습니다.

"죄로 물든 세상을 걸어가신 예수님처럼 제 원대로가 아니라 있는 그대로 감당하며 당신의 뜻에 순복(順服)할 때 당신께서 모든 것을 바로잡으실 것을 확신합니다."

그러나 저는 오늘 아침 일터로 갈 때 하나님께 투정하듯 물었습니다.

"아바 하나님, 왜 제 믿음은 아직도 이것밖에 안 되나요? 어떻게 하면 남들처럼 든든한 믿음 가질 수 있나요? 일터에 가면 풀어야 할 복잡한 문제들이 있어요. 하지만 믿음으로 처리하기가 무척 힘듭니다. 때로 음모와 모략, 거짓과 중상으로 얼룩진 협상 테이블도 참기 어렵습니다. 한 대 쥐어박고 싶은 미운 오리도 한두 명 있습니다."

"인유야! 구하는 이에게 나는 언제나 한 끼의 믿음만을 허락하였다. 어느 누구에게도 이틀 치나 사흘 치 믿음을 준 적이 없다. 만나와 같이 오직 하루 치, 아니 한 끼의 믿음만을 늘 허락하였다. 변치 않는 믿음을 가진 이가 누구냐?

이 땅의 삶은 늘 새로운 도전과 의문과 문제를 파도처럼 몰고 올 것이다. 해가 뜨고 달이 지는 게 되풀이되는 것처럼. 나는 어느 누구에게도 한평생 변치 않을 믿음을 보장해 준 적이 없다. 모세, 다니엘, 내 아들 예수까지도. 그들을 봐라. 매일 기도로 나를 만났고 기도로 내게 도움을 청했다. 그만큼 그들은 순간순간 나를 필요로 하는 자신과 현실을 알고 있었다.

혼들리지 않는 믿음이란 순간순간 믿음의 선택이 이어져 만들어지는 것이다. 그런 만큼 네 원수는 믿음 흔들기를 한시도 쉬지 않는다. 매 순간 나를 바라보고 나와 상의하고 나의 도움을 구하는 게 믿음이다. 믿음은 변치 않는 마음의 상태나 성숙의 상태가 아니다. 근거 없는 의심, 불안, 근심을 뛰어넘어 내 약속을 부여잡는 습관이다.

이 싸움에서 한 가지 기억할 게 있다. 낙심과 근심, 염려와 불안은 변덕스럽게 너를 공격하지만 도움을 구하는 네 기도에 대한 내 응답은 언제나 변함이 없다는 점이다. 믿음의 자녀들은 이것을 확실히 알고 있다. 내 뜻에 따라 간청하면 내가 반드시 응답한다는 믿음이 있다.

네가 내게 나아와 내 얼굴을 구하고 내 음성 듣기를 원하여 도움을 구하면 네 안에 예수 생명이 있다는 걸, 그것이 네 유일한 생명샘이라는 걸 내가 늘 깨우쳐 줄 것이다. 그 생명을 통해 평안, 기쁨, 사랑이 네 안에서 샘솟는다. 또한 내가 너를 따뜻하게 품고 있음을 알려 준다. 너도 숱하게 체험하지 않았느냐?

기억해라. 내가 네 심장보다 훨씬 더 가까이 있다. 내가 두 팔을 벌려 너를 기다린다. 네가 바라는 도움이 언제나 바로 네 안에, 네 곁에 있다. 믿음이란 어떤 상태나 성품이 아니다. 순간순간 너를 돕기 원하고 너를 능히 도울 수 있는 내게 다가오는 선택이고 습관이다."

"근심을 떨치기가 왜 이다지 힘듭니까?"

"원수는 늘 너를 공격한다. 결코 쉬지 않는다. 이를 두려워할 필요는 없지만 잊어서도 안 된다. 너는 새로운 문제나 환난으로 매번 놀랄 수 있다. 그러나 오랫동안 근심에 머무르는 건 나에 대한 믿음이 아니다. 오직 그때마다 네 안에 살아 있는 예수를 기억해라. 그 권능과 여유에서 평안을 누려라. 그리고 원수의 거짓과 위협이 아니라 내가 네게 약속한 소망과 승리를 선택해라. 나는 거기에다 상상의 날개까지 네게 달아 주었다. 그러니 그 날개로 하늘 높이 날아 올라라.

내 약속과 꿈을 변함없이 붙들기가 어려우냐? 그렇다면 내게 도움을 청해라. 그리스도와 성령 하나님이 즉시 너를 도와줄 것이다. 내 의로운 오른손도 너를 붙잡아 끌어올릴 것이다. 내가 네게 거듭 말했다. '두려워 말라. 놀라지 말라. 내가 너를 굳세게 하리라. 참으로 너를 도와주리라. 참으로 나의 의로운 오른손으로 너를 붙들리라.'

염려를 떨치고 믿음을 택하는 습관이란 매일 만나를 하루 치만 주워 모으듯 매순간 새로운 도전 앞에서 나를 주목하고 나아가는 것이다. 내 얼굴을 바라보면서도 여전히 거꾸로 가는 네 발걸음을 내게로 돌리는 것이다. 나와 상의하고 내 도움을 받고 나와 문제를 해결하는 습관이다. 이것은 복된 훈련이다. 그러니 염려하지 마라.

인유야! 내 사랑! 내 자랑! 내 기쁨아!

함께 떠나자. 이 멋진 여행을!

평안, 여유, 자유가 넘치는 이 모험을!"

천국의 이쪽

2009년 8월

> "여호와께서 그 백성의 상처를 싸매시며
> 그들의 맞은 자리를 고치시는 날에는 달빛은 햇빛 같겠고
> 햇빛은 칠 배가 되어 일곱 날의 빛과 같으리라" 사 30:26, 개역한글

자전거 타고 진해 안민고개에 올랐습니다. 토요일 아침 8시, 4킬로미터쯤 오르면 커피숍이 있는 휴게소에 이릅니다. 잠시 앉아 멀리 바다를 바라봅니다. 바다와 섬들이 정자 사각테두리 안에 담긴 그림 같습니다. 가덕도, 거제도, 통영 앞바다의 이름 모를 섬들이 바다 가운데 엎드려 있습니다.

앞섬과 뒷섬이 여러 겹 파도처럼 연이어 있고, 산색의 짙고 옅음이 서로 달라 산과 바다가 수묵화처럼 펼쳐집니다. 다채로운 먹물 같은 옅은 회색들 사이로 섬과 섬의 경계가 보일 듯 말 듯 선을 그립니다.

좀 더 자세히 들여다보았습니다. 가만히 보니 다름 아닌 하늘나라 그림자입니다. 하나님은 어찌 이토록 놀랍고 아름답게 땅과 하늘을 지으셨는지요! 말과 글로 옮길 수 없는 아름다움을 산과 바다에 새겨 놓으셨습니다. 사람들이 바위와 나무에 누구를 사랑한다는

말을 아로새기듯 하나님은 하늘과 땅, 바다와 숲에 우리를 사랑하신다는 글자를 빼곡히 새겨 놓으셨습니다.

그러나 "만물보다 더 거짓되고 아주 썩은 것은 사람의 마음"(렘 17:9, 표준새번역)입니다. 이 부패한 마음은 참되고 선하고 아름다운 땅과 하늘을 있는 그대로 보지 못합니다. 주어진 삶을 천국 속 지옥으로 만들어 버립니다. 지금 여기 제 앞에 펼쳐져 있는 하늘나라 그림자를 두 눈으로 볼 수 없다면 앞으로 있을 새 하늘과 새 땅에서도 눈먼 사람으로 남지 않을까요? 지금 여기 숲과 그늘과 바람에 새겨진 하나님 사랑을 가슴으로 느낄 수 없다면 앞으로 있을 새 하늘과 새 땅에서도 제 가슴은 여전히 얼음처럼 차가울 겁니다.

'내가 지금껏 보아 왔던 하늘 위 어느 행성도 지금 여기 우리 앞에 흐드러지게 자라 간들거리는 강아지풀 하나라도 키워 내지 못한다. 그런데 왜 나는 지금 여기 넉넉히 주어진 하늘나라 그림자를 고맙게 누리지 못하고 온갖 망상에 시달리며 슬퍼하고 절망하는가?'

사람이 살지 않는다고 상상하며 바다와 섬을 자세히 바라보았습니다. 처음 하나님이 사람을 지으시기 전으로 돌아가 보았습니다. 그러자 에덴과 다름없어 보였습니다. 지어진 모든 것이 아름다웠습니다.

다시 사람들이 살고 있는 바다와 섬을 바라보았습니다. 그러자 지어진 것이 잿빛으로 변하기 시작합니다. 에덴의 동쪽, 슬픔, 두려움, 부끄러움, 다툼, 시기심으로 채색된 어두운 그림이 펼쳐집니다.

아담과 하와가 에덴에서 쫓겨난 후 산과 강은 크게 변한 게 없건만, 이를 바라보는 제 마음은 심히 상하고 부패하여 산은 산이 아니요 강은 강이 아닙니다.

바다와 섬을 한 번 더 바라보며 이곳을 오고가는 천사들, 새 몸과 새 마음을 입은 하늘나라 형제자매들을 떠올려 보았습니다. 그러자 주위는 다시 하늘나라의 잔영으로 다가옵니다. 함께 살고 있는 형제자매님들로 인해 모든 자연이 보석처럼 빛납니다. 산과 강과 바다는 처음 에덴과 다르지 않습니다.

바다와 섬을 바라보며 하나님 안에서 회복된 우리를 떠올려 봅니다. 그러자 지금 여기는 여전히 하늘나라 되기에 넉넉해 보입니다. 서로 기뻐하고 사랑하며 서로 품어 주고 세워 주는 사람들이 이 아름다운 산과 강과 바다와 숲의 주인이 됩니다. 주변 자연은 기쁨과 축제의 광장이 됩니다.

저와 이웃의 마음이 하나님 지으신 원래 모습으로 돌아올 때, 다른 어떤 것도 변한 게 없지만 하늘나라의 평안, 기쁨, 사랑이 온 자연 안에서 너울너울 춤을 춥니다.

닫는 말

저는 가끔 하나님께 이렇게 묻습니다.

"평범한 삶 속에서 하나님과 함께 길을 걷는 것은 어떤 건가요? 당신을 사모하고 사랑하는 건 어떤 모양인가요?"

살아가며 감당키 어려운 거친 파도가 저를 삼키려 들 때 하나님을 향한 믿음과 순종은 바닥 없는 나락이었습니다. 바로 거기가 제 믿음과 순종의 현주소임을 모르고 자만하고 있었습니다.

그러나 제가 가진 생각과 감정, 상황을 뛰어넘어 오직 믿음으로 하나님 얼굴 바라볼 때 부서진 제게 다가오시는 변함없는 당신 사랑은 참으로 놀라웠습니다. 늘 품어 주고 가르쳐 주고 격려하며 저를 다시 일으켜 주셨습니다. 이런 연유로 《아바의 팔베개》를 쓰기로 마음먹었습니다.

글을 쓰게 된 첫째 동기는 하나님을 알지 못해 방황하는 이들에게 그분을 만나게 된 앞뒤 사정, 당신께서 늘 쏟아부어 주시던 평안과 기쁨과 사랑을 체험적으로 나누기 위함입니다.

둘째는 평범한 일상 중에 하나님과 더 깊은 사랑을 주고받고자 몸부림치는 형제자매님들에게 저의 시행착오와 은혜로운 체험을 나눠드리기 위함입니다.

셋째는 영혼의 아픔, 우울증을 앓고 있는 분들에게 하나님이 보여 주시는 뜨거운 관심과 소망을 증거하기 위함입니다.

2006년 11월경부터 글을 쓰기로 마음을 정했지만 진척은 아주 더뎠습니다. 일터와 사역에서 겪게 되는 여러 어려운 일들로 마음의 여유가 없었습니다. 건강도 여의치 않았습니다. 그러나 그런 상황과 씨름이 필요했음을 이제 알 것 같습니다. 하나님은 서두르지 않고 제대로 훈련받으며 솔직하게 쓴 글을 원하신 것 같습니다.

지난날 왜 이토록 파도처럼 쉬지 않고 환난과 고통이 다가올까 탄식한 적이 많았습니다. 성서학자 마틴 드한(Martin R. DeHaan)의 글은 큰 힘이 되어 주었습니다.

"하나님 말씀에 대한 가장 크고 깊은 진리는 신학 교육을 받은 이들의 설교에서 드러나기보다는 고난이라는 신학교를 거쳐간 겸손한 영혼에게서 자주 드러납니다. 그들은 하나님의 길을 따르는 것에 대한 깊은 이해를 실존적 경험으로 배운 셈입니다."

지금도 하나님 계명의 핵심, 곧 하나님과 이웃 사랑의 실천을 엄하게 훈련받고 있습니다. 오직 당신 사랑의 높이 깊이 너비 길이를 매일 한 뼘씩이라도 새롭게 알고, 이를 믿음으로 취하고 누리고 나누게 해달라고 성령님께 도움을 청합니다.

참으로 어리석은 질문 같지만 하나님께 자주 이렇게 물었습니다. "아바 하나님, 사랑을 왜 가장 중요한 계명으로 주셨어요? 하나님 사랑하고 이웃 사랑하라! 그건 어느 정도 할 수 있다 쳐요. 그런데 원수들까지도 사랑하라? 짐승 같은 이 인간에게 얼마나 무거운 짐입니까? 제가 감당할 만한 그릇이 못 되는 거 잘 아시잖아요?"

하나님은 사랑을 이루어 가는 험한 길이 너무 고달파서 내뱉는 투정임을 잘 아시는 것 같았습니다. 여러 날 침묵하시던 하나님은 어느 날 왜 사랑을 가장 중요한 계명으로 주셨는지 이 말씀으로 설명하셨습니다.

"아버지께서 나를 사랑하신 것처럼 나도 너희를 사랑해 왔다.

그러니 너희는 언제나 내 사랑 안에 머물러 있어라.

내가 내 아버지의 계명을 지켜 그 사랑 안에 머물러 있듯이 너희도 내 계명을 지키면 내 사랑 안에 머물러 있게 될 것이다.
내가 이 말을 한 것은 내 기쁨을 같이 나누어
너희 마음에 기쁨이 넘치게 하려는 것이다.
내가 너희를 사랑한 것처럼 너희도 서로 사랑하여라.
이것이 나의 계명이다"요 15:9-12, 공동번역

"우리가 알지도 못하고 누리지도 못하고 서로 나누지도 못한 엄청난 주님의 기쁨을 우리에게 부어 주시기 위해 그런 계명을 주셨다고요? 사랑은 험한 산을 오르는 길이고 기쁨은 그 꼭대기에서 경치를 즐기는 것이라고요? 아~ 그렇군요. 왜 우리에게 당신의 기쁨을 넘치게 부어 주시려는지는 더 물을 필요가 없네요. 참된 기쁨과 즐거움은 저와 모든 이들이 언제나 갈망하는 것이기에. 사랑은 제 옛사람을 십자가에 못박는 고통이지만 그 열매인 기쁨은 부활의 생명을 감사하고 기뻐하는 축제네요."

아바 하나님은 유월절·초막절·수장절 절기 때마다 모든 유대인들에게 고아와 과부와 나그네와 레위인들을 데리고 하나님 성전에서 함께 먹고 마시고 기뻐하라고 말씀하셨습니다. 주님이 이 땅에 오셔서 물을 포도주로 만드는 첫 기적을 베푸신 가나의 혼인잔치와 십자가에 달리시기 전날 밤 제자들과 포도주를 나누시며 하늘나라에서 다시 우리와 새 포도주를 마실 것을 약속하신 마지막 만찬 등 이 모든 예들에는 '하나님의 기쁨'을 우리와 나누고자 하시는 당신의 선한 열망, 최종 바람이 담겨 있음을 이제야 조금 알 것 같습니다.

그 기쁨을 우리와 영원히 누리기 위해 주님은 고난의 십자가에 오르셨습니다. 그렇다면 저도 원수를 이해하고 용서하고 사랑하는 길이 매우 힘들지라도 묵묵히 걸어야겠습니다. 하지만 혼자서는 이 길 걸을 수 없습니다. 주님께서 함께 가 주셔야 합니다.

그 동안 살아온 길을 되돌아보면 삶은 녹록지 않은 위험과 모험, 슬픔과 기쁨, 고통과 평안을 파도처럼 안겨 주었습니다. 이 여정에서 가장 아름답고 벅찬 순간이 있었다면 모태에서부터 저를 주목하고 사랑해 오신 하나님을 이윽고 알아보고 감사한 일입니다. 그때가 1993년 10월 17일이었습니다.

그 이후 아바 하나님은 절제된 사랑으로 제게 극심한 고통과 아픔을 허락하셨습니다. 깊은 우울과 신앙 갈등을 통해 당신의 사랑과 진리를 가르쳐 주셨습니다. 형편없이 망가진 제 모습과 제 밑천을 보여 주시며 지금까지 믿음과 순종, 온유와 겸손을 가르쳐 오셨습니다. 때로 하나님께 대들며 악을 썼지만 당신은 그때에도 저를 품으셨습니다.

하나님 품으로 돌아가는 그날까지 걸어가야 할 길이 있고 일정 기간마다 받아야 할 혹독한 훈련도 있을 것입니다. 아픔과 고통 가운데서도 하나님을 사랑할 수밖에 없음은 제 앞에 준비된 영원한 기쁨이 있기 때문입니다. 하늘나라에서는 그 기쁨을 하나님과 영원히 나누고 이웃과 나누겠지요. 하지만 저는 이 땅에서도 사랑, 기쁨, 평안을 매일매일 새롭게 알아 가길 원합니다. 그 복락을 지금 여기서 누리고 나누는 모험의 길로 감히 들어섭니다. 그러기에 오늘도 제게 주어진 쓴잔 단잔을 높이 들어올리며 이렇게 외칩니다.

"온 땅이여 여호와께 즐거이 부를지어다
기쁨으로 여호와를 섬기며 노래하면서 그 앞에 나아갈지어다

여호와가 우리 하나님이신 줄 너희는 알지어다

그는 우리를 지으신 자시요 우리는 그의 것이니

그의 백성이요 그의 기르시는 양이로다

감사함으로 그 문에 들어가며 찬송함으로 그 궁정에 들어가서

그에게 감사하며 그 이름을 송축할지어다.

대저 여호와는 선하시니 그 인자하심이 영원하고

그 성실하심이 대대에 미치리로다" 시 100, 개역한글

이제는 매일 밤 오직 믿음으로 아바 아버지 팔베개에 제 영혼을 맡깁니다. 아바께서는 왼팔로 제 머리를 고이시고 오른팔로 제 몸을 껴안으십니다. 꿈에서도 당신과 함께 에덴으로 돌아가 기쁜 마음으로 산책하길 바랍니다. 아바의 팔베개에 제 머리 맡깁니다. 때로 코를 골기도 하겠지요.

오늘 여기까지 저를 사랑하고 호위하고 이끌어 오신 아바 하나님께 한없는 감사와 찬양과 영광을 올려 드립니다.